U0002464

世茂出版有限公司
世潮出版有限公司
智富出版有限公司

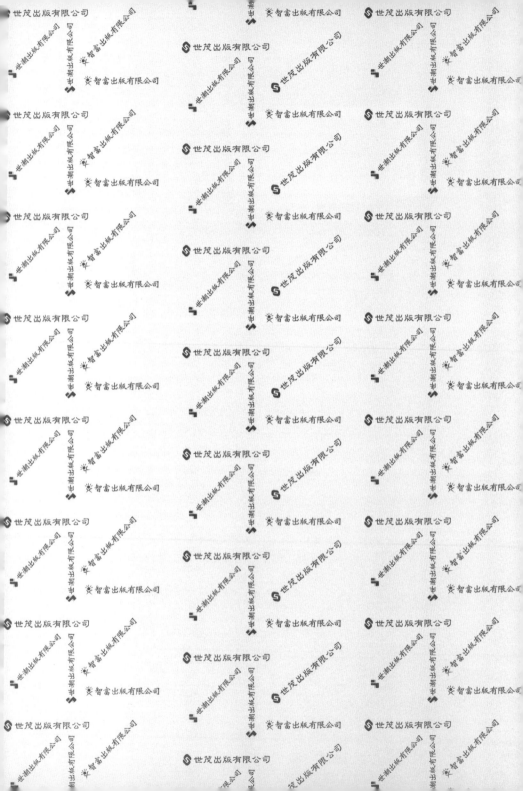

世茂出版有限公司
世潮出版有限公司
智富出版有限公司

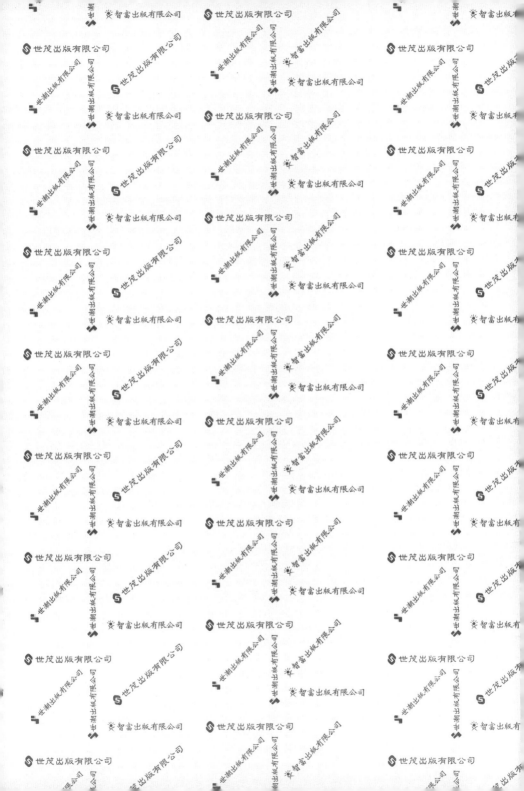

讀書的事就交給孩子吧！

子どもを志望校に合格させる親の習慣

——考上第一志願，做孩子最堅強的後盾

時田啓光
日本補教界傳奇名師／著

並不是把小孩送進補習班就沒事了！
孩子能否考取第一志願，
關鍵在於家庭是否能形成堅強的後援團隊！
從１２００個學生家庭中得到的領悟。
實例！一年兩個月，
從底標１２％衝刺到頂標！
考取第一志願！

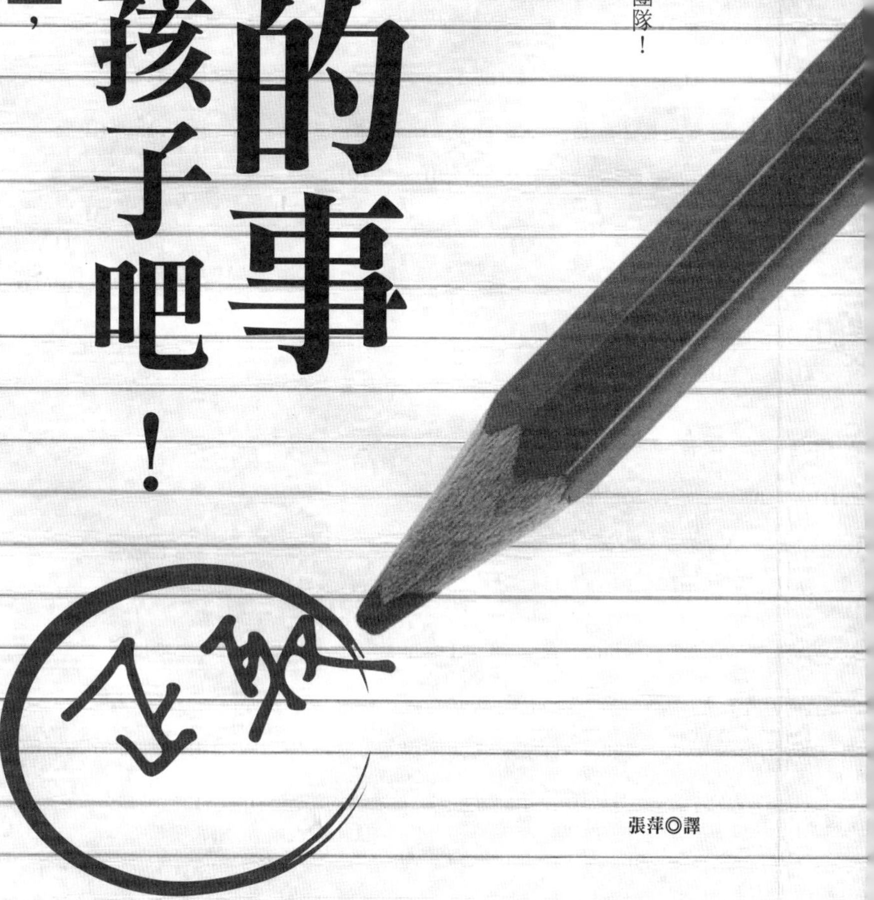

張萍◎譯

前　言

書店裡與升學考試、學習相關的書籍眾多，感謝您選擇了本書。

透過口耳相傳以及學生介紹學生等方式，目前筆者已經在自己的私人家教班，指導超過一二〇〇位孩子。

我經常在受訪時被提及的一段逸事，是曾經讓一位在校成績偏差值僅有35（*編註）的高中生，在一年兩個月後考上東京大學。除此之外，我還曾經幫助過原本書讀不好、成績一直沒有起色的國小、國中生、高中生孩子，考上東京大學等明星學校，醫學院醫學系等，締造許多高中、大學升學考試的佳績。

請問各位家長，您覺得孩子書讀不好，最大的原因是什麼呢？

我認為是因為孩子處於「無法好好讀書的心理狀態」。

許多孩子總是不願意說出內心的煩惱，甚至導致失去拿筆的力氣。

在這種狀態下，爸爸媽媽仍然一味地只要求孩子讀書、考試技巧，結果會發生什麼事呢？

成績方面當然還是毫無起色。

家長心裡想「只要送進升學補習班就萬事ＯＫ了」，但是孩子成績依然毫無起色，原因就在於，孩子的心理狀態不良，導致無法好好念書（事實上有非常多跑來找我諮詢的家長，都是因為孩子去了補習班，卻越補越大洞）。

即便是再優異的教學課程或讀書方法，如果孩子不願意去理解、實踐，只不過是在給家長畫大餅而已。

所以，如果想要孩子的成績進步，想讓孩子努力用功讀書，就要先將孩子「無法

＊編註：偏差值，是日本高中學生成績的評定標準，用來評估大學入試錄取率。75為最高（約占總高中生人數1％），50為平均值（約占總高中生人數50％），25為最低（也約占總高中生人數1％）。有點類似台灣學測的級分標準。

好好讀書的心理狀態」改善成為「想要好好讀書的心理狀態」。

那麼，家長該如何做才好呢？

答案非常簡單。就是**「全家人必須形成一個團隊」**。

不是大人「鞭策孩子要用功」，與小孩「被鞭策要去用功」的主從關係，而是「透過溝通，成為互相信任的一個團隊」。

爸爸媽媽不是用高高在上的姿態，叫孩子「去讀書！」而是成為團隊的一員，作為孩子的堅強後盾，讓孩子能夠輕鬆愉快玩自己喜歡的遊戲，並且讓孩子主動產生讀書動力。

「輕鬆愉快玩遊戲」與「主動產生讀書動力」。

這兩種狀態乍看之下或許會讓人覺得矛盾，事實上，兩者缺一都會導致孩子學業成績表現無法進步。

讓我介紹一個真案實例，當我的學生全家人成為了一個團隊，最後真的金榜題名。

A同學高中三年級第一學期的在校成績偏差值為52，成績中等，但無法上第一志願。媽媽前來諮詢時表示：「無論如何都希望他能夠進入明星大學」。

A同學很愛追星。從二十年前日本昭和時期的偶像，到現在的地下樂團偶像，他都廣泛地熱愛著。就算聽到煩惱不已的媽媽說「去讀書！」他也總是一副充耳不聞的樣子。

不過，當我在與媽媽諮詢的過程中，聽到了許多故事，發現了一個有趣的點。事實上，媽媽自己也曾經是視覺系樂團的追星族。然而，就是因為媽媽高中時期不太用功，所以看到同樣熱衷於追逐偶像的A同學，相當擔心他會重蹈自己當年的覆轍，所以希望他能夠停止追星。

但是，我反而試著建議媽媽「請務必告訴A同學，當年媽媽也是視覺系樂團的追星族」。

那位媽媽心不甘情不願地從倉庫搬出了自己曾經喜愛過的樂團唱片與雜誌剪報，

向Ａ同學自白：「其實，媽媽也曾經很迷樂團，常常跑去某位歌手的 Live 演唱會呢……」。Ａ同學聞言後非常驚訝，甚至還對著媽媽珍藏的唱片說：「這真是超強的！」一副想要把那些東西吞下去一樣。

之後，母子之間就因為樂團的話題而熱絡了起來，接著爸爸也跳進來一起參與，變成全家人會一起去逛唱片行或是 Live 演唱會。

就這樣，Ａ同學的家人成為了一個團隊。

因為追星，Ａ同學也對升學考試產生了興趣。

我告訴Ａ同學「如果你現在找不到同樣熱衷於偶像的追星好友，上了大學後就會有一大票喔！」Ａ同學想要和這些未曾謀面的朋友見面，於是變得非常用功。

再者，追星這件事情，也對學習帶來了相當大的助益。

Ａ同學經常會改編偶像的歌曲哼唱，所以我建議他「要不要試著把這首歌變成英文的呢？」他便開開心心地去做了。他自己又從中發現「好像也可以做出文言文版的改編歌曲！」、「還可以加上數學公式！」，於是他就做出了許多學科的改編歌曲，快速積極地搞定了這些需要熟記的學科。

就這樣，**因為發現讀書變得很有趣，而開始用功，成績自然而然地進步了，身為團隊成員之一的媽媽也笑顏逐開。**

於是，A同學產生了想要更加努力用功的意願，成績越變越好……。

最後，他考取了東京大學！

就像這樣，比起用高高在上的姿態強制孩子去讀書，倒不如把自己視為團隊的一員，替孩子加油鼓勵，讓孩子為了全家人而努力！

當然，就算和孩子沒有共通的興趣，全家人還是可以組成一個團隊。如果你是覺得「我們夫妻或是親子關係惡劣，所以絕對沒辦法！」這樣的家庭也請放心，一定都可以找到辦法組成一個團隊。

本書會介紹一些如何讓全家人形成一個團隊、讓孩子考取明星學校的具體建議。

序章是希望各位家長基本上必須預先做好準備、第1章是家庭團隊同心協力，使孩子養成良好的讀書習慣，第 2 章是影響孩子學習動力的家長態度，第 3、4 章是分別站在「親子」及「夫妻」（大人之間的關係）的不同角度，介紹能夠讓全家人形成一個團隊的溝通技巧。

此外，本書雖然主要是針對國小、國中生家長的建議，但是也介紹學齡前兒童的遊戲方式，以及高中生等案例。

書中所建議的內容雖然都是很普通的東西，但是筆者有自信對於任何世代、有孩子的家長們皆可帶來一些助力。

然而，另外仍有一些希望各位家長注意的地方。請不用遵照書中所寫的內容照單全收，因為這樣一來會太費力。可以先從具體內容較多的第 1、2 章中挑出比較有興趣的單元，重點式地實踐。

如果是「無法與孩子好好地相處」、「家人感情不睦」、「其實覺得教育小孩很痛苦」等情形，建議可以從序章及第 3、第 4 章開始閱讀。

其實本書從任何單元開始都沒有關係。僅做一、兩個單元也都沒關係。但付諸行動時，請持續一週以上。即使不是每天，一週二～三天也沒關係。就跟肌肉訓練或是背書一樣，只做一次是看不到效果的，如果想要打動孩子的心，重點是一定要有某種程度的堅持。

在那樣的過程中，孩子可能會變得稍微有點讀書意願，或是想要提出各式各樣的疑問……等，看到這些變化時，就表示孩子有機會進步成績的最好時機！

請各位成為團隊的一員，讓孩子的可能性不斷地延伸吧！

時田啓光

讀書的事，就交給孩子吧！

目錄

目錄

第2章 家長的教養態度會影響孩子的學習動機

第3章 家庭形成團隊，幫助孩子相信自己一定做得到！

第4章 家人同心，其利斷金

序　章

幫助孩子考上第一志願，家長的五個心理準備

本章節將介紹閱讀本書的基本思維。
希望各位家長能夠預先做好準備。
這些都是筆者撰寫本書的基本理念，閱讀的時候不必太過緊張，不妨放輕鬆。

家長的想法……
希望孩子能夠拿到更好的成績。
希望孩子能夠考取明星學校。
為了實現這些想法，首先最重要當然是孩子要用功念書。
為此，孩子必須擁有家長真心的信任
我的孩子一定會出人頭地！
真的嗎…
一直都很努力，這次肯定沒問題。
我當年也沒考上什麼好大學，想必是不太可能吧…
都已經高三，太晚了吧…
BUBU—
家長不相信孩子、放棄孩子，都是大忌！

再加上
我們家年收入那麼低，
沒有錢去補習。
錄取成績與家庭年收入，其實並沒有因果關係！
錄取人數門檻未免太高了吧……
只要從學校或補習班獲得資訊就夠了，不需要了解網路上虛實不清的資訊。
學測這件事情的主角是孩子
那個小明也考上高中了。
驚慌
啊～超煩的
去年的錄取率是幾%喔！
失措
你很努力了，稍微放輕鬆，休息一下吧？
不行，不行，我還要更努力。
家長順口而出、資訊不足的說法，反而會讓孩子產生危機感，更不想要努力用功讀書。

01

絕對不說「你做不到」「白費力氣」

「希望孩子能拿到更好的成績」。

「無論如何都希望能考取第一志願」。

相信正在閱讀本書的爸爸媽媽，心裡一定都是這麼盼望著吧！

為了實現這樣的願望，重點當然是孩子自己要努力用功讀書才行。

那麼，各位認為，為了要讓孩子自己願意用功讀書，有什麼必要的條件呢？

答案就是爸爸媽媽「真心的信任」。

家長的信任，是讓孩子產生鬥志的原動力。

各位是否曾經這麼想過呢？

「我當年也沒考上什麼好大學，如今卻要孩子考上第一志願，想必是太勉強了吧？」

「孩子和我不一樣，個性大刺刺的，或許因此無法好好用功讀書。」

各位心裡都有這樣的想法嗎？

事實上，有很多例子，家長沒有高學歷，卻有考上明星學校的孩子。

很多東京大學生的個性也是大刺刺的。

然而，一旦遇到關於自己孩子的事情，家長往往就會變得特別在意，視野也會變得狹隘。

因此，許多人都會帶有「因為怎樣，所以比不上別人」、「因為怎樣，所以做不到」等等的想法。

這些家長在不經意之間所表現的態度，通通都會傳遞到孩子身上。

於是，孩子就會跟著開始覺得「就算做了也是白費力氣」、「反正我一定做不到」，因而無法產生動力，不能好好用功讀書。

如此一來，成績當然不會進步，也就無法考取第一志願！

也就是說，家長自己不經意砌出了一道「阻礙成功的高牆」，阻礙孩子用功讀書。

根據我的觀察，來自許多家庭的經驗，有些家庭的孩子成績能夠不斷進步，最後考取明星學校，他們的爸爸媽媽身上都有一些特徵。

這些特徵就是——**擁有「這個孩子一定會出人頭地」、「以前一直很努力，這次肯定沒問題」這種絕對的信任感**。甚至可以說是毫無來由的信心。

也就是說，這些家長並沒有幫孩子砌出一道「阻礙成功的高牆」。而且不只是讀書，對於任何事情都維持著這樣的態度。

來自於這種家庭的孩子，會顯得正面積極，對任何事情都很有自信心。個性看起來雖然有點大剌剌的，但是學業表現與人際關係都相當好。

因為心胸開闊，所以會有許多朋友願意找他討論課業問題。

在討論課業問題之際，學業表現也會跟著不斷地進步。

於是，孩子變得更有自信、心胸也更加開闊，能夠進一步與朋友討論更多的問題……。

這種良性循環，會造成「成績大幅進步」的結果。

因此，各位爸爸媽媽請務必不要拘泥於孩子的眼前成績，想要脫口而出「你要好好加油」、「請用功讀書」，在此之前請打從心底相信孩子的能力。

因為，這才是讓孩子成績不斷進步，通過學測最快的捷徑。

Point

堅決相信「我的孩子一定做得到！」

02

就算成績通通不及格，高二最後一學期衝刺考上第一志願

家長最容易陷入的一種思維模式是「已經太遲了」。

「都已經高三了，恐怕是沒辦法考取某某名校了。」

「因為高二的在校成績偏差值太低，或許只能放棄好學校了。」

各位當中或許有些人正抱持著這種想法，但心裡卻仍不放棄，還是翻開這本書。

但是，就算您的孩子已經高三了，其實也還不算晚。

我從旁觀察的結果是，只要有經歷過一些考試的經驗，在某種程度上就算是已經建立了讀書的基礎。

這樣的孩子**就算是從高三的第一學期*才開始，也還有最少半年，來得及考上第一志願。**

＊譯註：日本與台灣不同，學校一般實行三學期制，開學的第一學期是4月1日至7月中旬。第二學期是9月上旬至12月下旬。第三學期是1月中旬至3月下旬。一般日本大學入學考試為高三的第二學期至第三學期。

即便是沒有讀書基礎的孩子，從高中二年級的第二學期十月之前開始用功，時間上還有一年多，算是足夠。

我曾經在前言提到過，**原本在校成績偏差值僅有35、「只會打棒球什麼都不會」的倒數孩子，從高二第三學期開始為了升學考試而用功讀書，結果應屆考上東京大學。**

同樣的，在前言中曾經介紹過**那位喜歡追星的男孩，原本在校成績偏差中等，值僅有52，從高三第一學期開始認真地為了升學考試而用功讀書，後來也是應屆考上東京大學。**

如果你的孩子已經高二、高三，卻依然展現不出好成績，我還有很多方法，可以引導孩子讀書意願、提高成績表現。
因此，重點是家長自己不能輕言放棄，「已經太遲了」千萬不可講這種話。

Point

不說「已經太遲了」，要改說「還來得及」。

03

「家庭年收入高低」無關能否考取第一志願

「沒辦法，成績一直沒有起色」。

「我家孩子要考上明星學校實在太困難」。

詢問有上述想法的家長，我發現，真正的理由往往都與家庭收入有關。

我常常聽到家長表示：「我家年收入較低，所以孩子一定沒辦法考上東京大學」，或「因為我們沒有錢可以去那些大型補習班，恐怕還是得放棄一流學府吧！」等。

捫心自問，各位該不會也有這種想法吧？

事實上，日本的確有統計數字顯示「半數以上東大生的家庭年收入，超過九五〇萬日幣」。因此，總覺得第一志願的錄取情形與年收入好像有點關係。（編註：日本家庭年收入，平均約為四〇〇萬日幣。）

然而，真正錄取情形與家長的年收入其實並沒有因果關係。也就是說，**並不是家長的年收入高，就能夠進入東京大學**。

也有許多家長年收入較低，但是孩子仍然考上東京大學。

的確，年收入較高的家庭，孩子或許會因為有錢而容易擁有旅行、到海外遊學的機會，因而會有更多的機會接收到與讀書相關的刺激，而多一份優勢。

不過，僅提供金錢可以達成的事，事實上並無法與促進孩子學業表現有所關聯。

例如，雖然上升學補習班，但是有上補習班的孩子不一定全部都考取明星學校吧！

筆者所建議的「全家人成為一個團隊」就此觀點來看，不論家長的年收入狀況為何，只要孩子與家人之間擁有強烈的關心（感情）即可掌握學業表現進步的關鍵。

也就是說，我在這裡想要強調的是，**年收入高低與否，並不是決定孩子學業表現的最重要因素**。

媒體經常會出現「升學考試需要花費大筆金錢」等等報導，因而造成人心惶惶，但是這些訊息只不過是在陳述一部分現象罷了！

因此，我們必須站在「不論家長年收入高低，能考取的孩子就是能考取」這個角度去思考，相信孩子的可能性，有意識地讓孩子培養讀書的意志力。

Point

切記，家長的年收入並不等於孩子的學業成績表現。

04

升學考試資訊，不需要聽取網路傳言或其他家長八卦

許多爸爸媽媽對於孩子的升學考試抱持著「自己好像也必須做些什麼努力」等強烈自我義務感。

我經常可以看見有一種家長，他們拚命收集資訊，嚴格教導孩子該如何讀書，一直跟在孩子屁股後面的家庭。

在這樣的親子關係下，如果全家的心態一致也就算了，實際上家長往往跑太快，孩子們卻在後面追都追不上。

考試這種事情，說到底只是孩子考上，或是名落孫山。

例如，許多家長都很在意錄取人數倍率，但是**倍率高低其實並沒有什麼意義，只**

要孩子考到最低合格分數就是考取了。事實上就只是如此而已。

即便覺得錄取人數倍率好像很高而焦躁不安，但是實際上去應試的人並不會比較多，所以也不需要自尋煩惱。

相反的，就算知道該校的倍率較低，孩子因而感到安心而鬆懈，或許原本能力足夠，可以考上的學校，結果也可能因此落榜。

此外，我們通常會利用網路的搜尋功能來進行資訊收集。

然而，網路社群留言板等內容，往往充斥著錯誤的資訊。

或許是因為無論如何都希望自己的孩子考上吧！有些家長為了減少自己孩子志願學校的競爭程度，經常會看到明明已經進入考取範圍，家長卻會寫一些「我兒子的在校成績偏差值差不多是65左右，還不到前標，所以這種成績要考取某某學校頂尖科系，其實在是有勇無謀吧？」等等，逆向操作放出一些會讓志願校程度感覺起來比實際還要高的訊息。

為了不要徒增煩惱，請各位關掉那些多餘的網頁吧！

如果無論如何都想要搜尋網路資訊，一天之內請以兩次為限。

因為只要搜尋過一次，就會發現一些自己很在意的資訊，於是就會一而再、再而三地…無限地搜尋下去！因此必須事先設定一些限制。

除此之外，家長自己應該也要停止焦躁不安，務必要讓孩子能夠安心讀書。

真正必要的升學考試資訊，從學校或是補習班等所提供的就已經相當足夠。家長沒有必要再去尋找必要以外的多餘資訊，家長的表現最好是會受到親朋好友質疑：「喂，們家是不是也有點太鬆懈了呢？」這種程度就對了。

Point

心情不要隨著錄取率高低或網路不詳資訊而起伏。

05

大考前夕，不要自亂陣腳

家裡有小孩要考私立小學或是中學入學考試，有些媽媽最常做的事情，就是好幾個媽媽聚集在一起吃吃午餐、喝喝茶，舉辦「媽媽聚會」，互相探詢彼此孩子的讀書進度，或是分享考試學校等相關資訊。

然而，那種場合不太有辦法獲得真正有用的資訊。就像我在前一個單元所提及的網路資訊是一樣的情形！

當然，的確能夠從一些媽媽聚會中，找到願意分享親身經驗，提供有用資訊的朋友。

然而，那些只是為了互相探詢彼此狀況的媽媽聚會，聊天的話題多少還是會進入耳朵。

從聚會獲得資訊後，再回家跟孩子說：「去年的錄取率好像是多少喔！」、「誰家小明也考上某某學校」等等的話，這樣能夠將孩子導往好的方向嗎？

看到滿臉愁容回家的媽媽，孩子一定會更緊張吧！反而因此更難以集中精神讀書。

因此，與其去參加那些媽媽聚會、收集資訊，各位媽媽倒不如好好地營造一個可以讓孩子放鬆、好好讀書的環境呢！

所以，建議**在考試前，家長最好是出門去買買東西、聆聽喜愛的現場音樂表演，好好地享受一下屬於自己的時光**。

享受一段屬於自我的時光，或許會產生更多心！我想有為數不少的媽媽，在鎮日被家事與照顧孩子追趕之中，只能夠把心裡想做的事情封印起來。

尤其是在孩子考試時或是考試前，更是特別忍耐吧！

不過，這時候反而更應該好好地利用時間。

不妨試著用好像在關心陌生人的語氣對孩子說：「你那麼努力用功讀書耶！上榜

應該沒問題吧？」

孩子一定會立刻有所回應。

「怎麼可能沒問題啦！」

也就是說，這樣做反而會挑起孩子的鬥志，「我必須更努力才行！」孩子反而會因此變得更加用功讀書！

Point

與其參加媽媽聚會聽謠言，倒不如運用這些時間享受美好時光。

第 1 章

這些好習慣，提升孩子讀書意願

本章節將以「養成好習慣」為出發點，介紹一些孩子考取好學校的家庭特徵。別擔心，這些都是每個人都做得到的事情，所以請試著做做看。相信家庭關係應該會一點一滴有所進步。

如果想要刺激孩子的腦部，可以讓他們玩積木、磁鐵等必須動手的遊戲。
也很推薦讓孩子學做菜，
能夠培養對圖 nds 的判斷力、對作業流程的思考能力．
或可以利用玩遊戲或是電視，
剛剛電視播了什麼？
嗯…我想一想…
放手讓孩子儘量做他們喜歡的事情
遇到困難或是不了解的地方，往往能夠因此練就突破困難的能力。
螳螂究竟長什麼樣子呢？
之前買的那本書上或許有，去查查看吧！
嗯嗯
孩子可以在這樣的過程中，培養自信與毅力。

查得怎麼樣啊？告訴我吧～
嗯…我想想…
牠的頭是三角形的，眼睛很大，有8隻腳喔！
解說的同時，就是再度輸入知識。
即使有錯誤，也不要立刻糾正
有8隻腳，所以跟蜘蛛是同類囉？
咦？好像錯了吧…
こんちゅう
前腳、中腳、後腳，應該是有6隻腳啦！
故意胡鬧打擾孩子讀書，有時也能夠提高孩子的意志力。
哎呀！這樣我沒辦法專心啦！快停止！
叩叩叩
一旦安靜下來，孩子就會集中精神、專心讀書。

01

玩遊戲比接受菁英教育更重要

想必不少家長都認為「菁英教育最好是從小就開始」！

現今這個世代有各式各樣的教育方法。如果學齡前即有接受教育的機會，孩子能夠獲得各種刺激，的確是很棒的事情。

然而，「接受學齡前教育，孩子就比較會讀書」這樣的想法是錯誤的。學齡前教育分為很多種，不能一概而論，其中也有訓練背誦能力或是計算能力的課程。

我曾經教過幾位接受過這種學齡前教育的孩子。

這些孩子的共通點在於能夠快速記憶、快速計算，但是卻難以將所得知識與理論統整，或是與他人溝通。

雖然這些孩子本身擁有知識、腦筋也轉得很快，但是因為無法正常輸出，在成績方面的表現就不會好。

為什麼會變成這種狀況呢？

我認為原因出自於，他們在幼兒期尚未養成理性思考能力，家長便一昧讓孩子背誦或是計算的關係。

在此我想先解開各位讀者對孩子讀書可能的誤會。

想要通過升學考試，並沒有必要比其他人特別多會背誦一些東西，或是特別迅速地完成計算。幼兒必須學習的是聆聽他人說話並且能夠有所回應的溝通能力。

所以重要的是「讓幼兒盡情遊戲」。

遊戲的重點在於，要讓孩子盡量接觸各式各樣的事物。

讓我舉一些例子吧！那是我與外甥在公園沙坑區所發生的事。

除了外甥之外，當時還有好幾個孩子，他們不知道為什麼就是不願意觸碰沙子。我覺得那些孩子應該也沒有用沙堆過小山等等的東西。

聽說好像是因為媽媽說「沙坑裡都是貓大便，不能碰」或是「因為很髒，不能碰」。

我與外甥一起堆出小山，此時周圍的孩子們聚集了過來，問說「你們在做什麼呢？」所以我就試著建議「那麼大家一起來堆小山好不好啊！」

然而，這些完全沒有在沙坑堆過小山的孩子，只會胡亂地扒沙，怎樣都堆不出小山。

當我告訴他們「先把沙聚集在一起，再用手拍打看看」，他們立刻就完成了。只是，還是做不出很高的山。沒錯，為了把沙固定，必須要有水才行，但是他們卻完全沒想到這一點。

因此，當我拜託他們「那邊有水管，能不能幫我拿一點水過來呢？」他們才恍然大悟，用雙手汲水過來的孩子越來越多。當然，水都會不停地從指縫滲出。

我再裝作若無其事地告知「用那個水桶，應該可以裝不少水回來吧！」他們才好不容易用水桶把水運了過來。

接著我想要做一個隧道，讓他們試試看，結果就是每個人都只會朝自己的方向挖土，最後連小山都崩塌了。

我又告訴他們「要從那裡跟這裡一點一點地挖喔！」歷經幾次失敗，隧道終於完成了。

讓水流經隧道，兩個孩子分別將手從隧道不同兩端伸進去，在隧道中抓住彼此的手，這些孩子第一次經歷這些奇妙的觸感。於是，大家突然開始提議「我要做一個房子！」、「來做一個城市吧！」等等。

透過玩沙這個活動，一口氣拓展了孩子的想像力。

雖然這些都是我自己在孩提時期沒有想過的事情，但是現在似乎有不少家長，過度保護，希望能在無菌狀態下養育孩子。或許因為如此，有非常多的孩子們失去了遊戲的機會。

不只是玩沙，**如果沒有使用身體去遊戲的經驗，就無法培養空間掌握能力、自我實踐能力，或是學會避免受傷的身體運用方法**。在學習學業能力之前，我們並沒有先培養孩子的生活技能。

你會讓孩子盡情遊戲嗎？

即使沒有帶去什麼大型遊樂設施玩耍，到附近的小公園或是圖書室其實就已經足夠。請各位家長主動創造讓孩子獨立遊戲的機會。

方才所舉的案例雖然是孩子還年幼的情形，但是，即便已經成長到小學高年級、國中生，在孩子成長的過程中都可以應用這樣的思維。之後的單元還會介紹更多類似的方法，請不必擔心，繼續讀下去。

Point

讓孩子多接觸外面的世界，創造更多機會玩遊戲。

02 煮飯做菜也是一種學習

我經常會被問到「讓孩子玩什麼遊戲，腦筋會變得比較好呢？」這類問題。感覺家長好像很期待我能夠講出什麼特殊的遊戲。其實與學習相關的遊戲相當多，多到我不知道該從何介紹起。

例如，我經常會在課堂上使用的就是樂高積木（LEGO）。印象中或許會覺得那是小孩的玩具，但其實也很適合作為高中生的腦力訓練。我會在督導孩子們讀書的時候，使用三十個左右的樂高積木，做出一個不太大的立體圖形。然後另外準備相同顏色與形狀的樂高，讓孩子在讀書空檔也做出同樣的圖形。

這是一種可以訓練數學思考能力的遊戲。

乍看之下好像很簡單，但是難易度卻連高中生也會發生「這個小積木該放在哪裡好呢？」、「形狀雖然對了，但是顏色錯了」等等情形，必須不斷嘗試錯誤，才能夠完成。

其他還有像是鐵粉和磁鐵棒等遊戲，我也很推薦。

如果是幼童，可以讓他們去觀察磁鐵怎樣可以吸在一起、怎樣無法吸在一起，或是把許多磁鐵吸在一起，讓他們熟悉磁鐵的特性。

或可以利用磁鐵與鐵粉來做一些美術活動。在白紙下方排列磁鐵，然後在白紙上方撒上鐵粉，即可展現出特殊的圖案，相當有趣。

或是可以出題考考孩子，例如：「如果想要用鐵粉做一個圓形，該怎麼移動磁鐵呢？」讓他們實際動手移動磁鐵、思考看看。這個部分會與自然科、數學、美術方面的學習做連結。

「積木遊戲」、「翻花繩」等都會運動到手，也會對腦部產生刺激。

但即使沒有使用什麼特殊工具，身邊萬物皆可以當成教材。

例如，指著家中的書櫃，然後問孩子：「那裡總共有幾本書呢？」

剛開始孩子一定會回答一個差距非常大的數字，沒有關係。

除了回答數字，還可以讓孩子感受一下書本的重量喔！

兩手一本一本地拾起書本，然後跟孩子聊聊「還可以再拿幾本呢？」、「十五本書就這麼重了喔！可以放一百本書的書櫃也太厲害了吧！」等等，孩子就能夠因此感受到數與量，並且深刻地在腦海裡留下印象。

除此之外，「從這裡到那裡，地上總共有幾片磁磚呢？」或是「書櫃上有幾本紅色的書呢？」等培養數學能力的方式俯拾即是。

出門時也可以試著找機會問孩子，「總共有幾台白色的車呢？」、「那棟大樓有幾層樓呢？」等等的問題。

還有一種雖然不算是遊戲，但是**也很推薦的是，讓孩子們「自動手煮飯」**。

煮飯，必須經過一連串的流程（準備—處理食材—事後整理），孩子可以藉此學會制定計劃，切菜時也可以看到食物剖面，進而訓練圖形辨識能力。

或許可能會被刀子切到手，但是也能夠因此感覺到痛，並且學習到應該要注意避免受傷，獲得自我思考能力。

無論如何，與其讓孩子一直坐在書桌前讀書，倒不如讓孩子多多動動頭腦與身體，快樂學習。孩子在遊戲中可學到升學考試所需要的綜合能力。

Point

煮飯、玩具、書櫃
—日常生活中有各種學習機會。

03

利用孩子喜歡的遊戲和影片，訓練思考能力

許多爸爸或媽媽都會希望孩子戒掉電腦、電視遊樂器，其實我們可以藉由不同的使用方式，轉變成一種學習教材。

例如，在孩子打完遊戲，讓孩子依序列說明剛才的遊戲過程，家長可以表現一種非常有興趣的樣子，試著問孩子：「你得到了哪些寶物呢？」

孩子會順著遊戲故事歷程，挖掘相關記憶，進行思考！

這時孩子非常需要專注力、記憶力等能力，能夠使孩子獲得許多刺激，培養有益讀書的能力。

除了打電動，也同樣可以利用電視節目或網路影片為教材。實際上，我也會使用

這些影片來授課。

例如讓孩子看一些預錄的電視廣告。廣告的剪輯只有十五秒，卻是人們最能夠維持專注的時間。讓孩子看十五秒，然後讓他們思考。

例如，看過一遍廣告，我們可以問孩子：「剛剛那個女生吃了什麼？」或是剛剛出現了很多種動物，出場順序是怎樣的呢？」等等的問題。

孩子就會努力思考，想從記憶裡找答案，但是只看一次往往無法完整作答。沒有關係，如以讓孩子再看一遍。這次孩子會更專注觀看，然後發現答案「啊！原來如此！」這表示孩子的頭腦正在全速運轉。

同樣的方法也可以應用在電視節目方面。

和孩子一起收看電視節目時，不妨偶爾問孩子：「那個藝人叫什麼名字？」或者，如果是戲劇節目則可以問：「上一集那個人做了什麼事？」等等的問題。

因為會很想要告訴爸爸媽媽，孩子會更專注、更仔細地觀看。

這種活動能夠幫助腦部活化。

主觀認為「電動遊戲不好」、「盡量不要看電視」而避之唯恐不及，是相當可惜的一件事。能夠物盡其用，萬物皆教材，才是聰明的運用方法。

Point

可以利用遊戲機或電視，當作孩子的大腦訓練工具。

04

培養孩子解決問題的能力，比找到正確答案更重要

每個人都會在生命過程中遇到各種阻礙。讀書遇到看不懂的內容、挑戰入學考試等，都算是一種阻礙。

和學生第一次見面時，我都會說：「如果我們不去經歷一些事物，就沒有可以拿來說嘴的故事。只有遇到阻礙，並且穿越阻礙的人，才有能力去做重要的事。長大成人後，當自己很珍惜的人受苦時，卻無力可施，豈不是很無奈？讀書、挑戰考試，都可以鍛鍊穿越阻礙的能力。因此，大家要不要一起努力看看呢？」

認同筆者上述建議的孩子，都會決定要跟我一起好好用功讀書。

年輕的時候，就有經驗獨力越過阻礙的孩子，擁有不易動搖的自信，認為「只要

努力就能做到」，因此即便讀書遇到阻礙，也會持續努力，不輕言放棄。

因此，成績最後還是進步，考試也能夠過關斬將。

相反的，從小就被禁止做一些有興趣的事情，只要求他們要用功讀書的孩子，往往未曾有過獨力穿越阻礙的經驗。

受到壓抑的孩子，會失去想要勇往直前、穿越阻礙的動力。

這樣的孩子長大之後，一旦遇到成績下滑、考試碰壁等阻礙，往往會不知道該如何越過阻礙，也無從努力。

當然，就不會產生什麼好的結果！還可能會開始否定自己，覺得自己是沒有價值的人，而逐漸喪失鬥志。

如果想要讓孩子真正地成長，首先必須讓他們去做自己喜歡的事情，讓他們獨力穿越阻礙。

運動、摺紙、追星、電動遊戲，任何事情都無妨。在因為喜歡而持續進行的過程中，一定會遇到一些無法完成、無法理解的狀況。

對孩子而言，因為是非常喜歡的事情，所以會去問別人、努力研究，拼命地想要穿越阻礙。

例如，如果是一位非常喜歡翻花繩的孩子，我們就可以出一些題目給他，例如：「做出一隻蝗蟲」。這樣一來，孩子就會去想該怎麼做出蝗蟲的形狀，並且不斷地去實驗。

（即便完成度很低）只要可以展出蝗蟲的形狀，就能夠產生越過阻礙的自信心。就算真的無法完成，不斷實驗的經驗，也能夠在未來產生極大的正面影響。

話說回來，如果是因為不了解蝗蟲的形狀等問題，因為必要條件不足而無法穿越阻礙，建議可以讓孩子去查資料。

一般只要把關鍵字「蝗蟲」輸入電腦或智慧型手機，就會立刻秀出蝗蟲的圖片，但是**如果需要查資料**，**請不要讓孩子上網**。

不妨找書，查詢索引或是目錄、找到所需的章節，再一頁一頁地翻閱，查詢答案。

像這樣遵循流程，正確的調查資料的方法，也是準備升學考試時所必要的能力。

建議要趁早讓孩子習慣，利用查書的方式尋找資料。

網路雖然相當便利，相反的卻也是剝奪思考能力的雙面劍。由於一下子就能找到解答，所以有非常高的可能性會剝奪孩子自我思考、研究的機會。

當然，利用網路搜尋也並非完全不好。

如果是以尋找答案（蝗蟲照片）為目的，可以去查書，如果是要確認該答案，例如蝗蟲有哪些相關資訊或是所處環境等，想要擴大知識範圍，即可善用網路的搜尋功能。這種使用上的區別相當重要。

爸爸媽媽應當了解自己所扮演的重要角色，是要讓孩子學會研究事物的方法、運用頭腦思考的訣竅，並且練就能夠越過各種阻礙的基礎能力，而不只是會找答案而已。

Point

利用孩子喜歡的事物，培養孩子的自信與耐心。

05

孩子不喜歡看書，怎麼辦？

看書，當然是要得到書中所寫的知識，為了培養想像力、組織力、專注力等，看書是我們希望孩子務必要養成的一個習慣。

然而，卻有不少家長煩惱於「孩子不太喜歡看書」。

那麼，究竟該如何讓孩子養成愛看書的習慣呢？

就是**「大人自己平常就要看書」**，如此而已。

請務必在孩子面前多看一些自己喜歡的書籍。

不需要特意對孩子說「去看書」，只要爸爸媽媽擁有愛看書的好習慣，孩子就會覺得這件事情稀鬆平常，自然而然地跟著開始看書。

話說如此，但家長並不需要選擇所謂的優良讀物，像是歷史書、艱澀難懂的小說等。

養成看書的習慣，才是重要的事。

一開始給孩子的書，就算是孩子想看的、喜歡的卡通人物漫畫書也沒關係。

開心地閱讀這些書籍、養成閱讀書本的習慣，孩子就會自然而然地開始看其他書，如歷史書或是小說等與學業相關的書籍。

親子之間可以一起閱讀歷史漫畫、互相分享閱讀心得，也可以變身成為漫畫人物，來場有趣的「變裝遊戲」，還會因此學到更多。

以cosplay的方式演出歷史人物的言行，更能夠深入了解歷史知識。

當然讓孩子閱讀報刊雜誌也非常好，但是突然想要孩子「讀完一整張報紙吧！」等等的想法是不妥當的。

有些媽媽會煩惱「我家孩子只看影劇版耶！」我都會回答「那挺厲害的嘛！」影劇版的資料量相當大，充滿著與學習相關的元素。

版面配置、標題大小、摘要與文章的關係性、文章的流暢度等，每天維持興趣，持續閱讀報導，不知不覺可以吸收到各式各樣的事物。

四格漫畫也能夠成為不錯的教材。為了要從這區區幾格內容，理解一個故事，必須運用頭腦，所以看四格漫畫也能夠學到很多東西。

此外，建議書架上同時擺放大人在看的書籍，而不要只是放小孩的書。這樣一來，就能夠增加孩子看到書背或是封面的機會。即使不了解意思，也能夠對孩子產生正面刺激，培育對書本的好奇心。

我自己家裡也是如此，如孩子看到書本標題使用一些看不懂的字，就會覺得「大人真了不起呢！」而產生效法的想法。

有不少情形是對於標題的文字不瞭解，孩子想「那是什麼意思啊？」於是就暫時先放在腦袋裡的某個角落。但是，日後在新聞或是對話時，又聽到同樣的字彙，就會立刻了解字義，並且「希望了解更多」，進而增加學習慾望。

想要養成讀書的好習慣，重點在於要意識到在日常生活讓孩子有機會多看到書本，全家人都一起看書，這樣的情形對孩子而言是最理想的。

Point

家長看書（漫畫書也可），孩子自然而然也會想看書。

06 不要教孩子怎麼讀書！

經常會有爸爸媽媽問我：「該如何教孩子讀書比較好呢？」我的回答很簡單。

「請不要教孩子讀書」！

這個時代充斥著許多簡單易懂的速成課程，圖解說明等等的書籍也很多，因此答案總是垂手可得。這些都是造成孩子不主動去思考的最大原因。

孩子在上課時拼命填塞知識，相對地減少了複習的時間，不懂的地方也不去查清楚，往往隨便應付了事，想說「以後再說啦！」

這不是讀書，只是零星地得到一些知識而已。

即使得到知識，卻沒有真正學會，無法應用，結果成績當然就無法進步。

如果希望孩子能夠確實學會知識，爸爸媽媽應該在孩子提問時，或是有什流不懂

的地方，先不要直接告訴孩子解決方法或答案，而是試著陪孩子一起想辦法解決問題。

例如，當孩子詢問最近一個相當熱門的新聞「那是什麼意思呢？」你可以試著邀請孩子：「雖然最近常常看到這則新聞，但是究竟是怎麼一回事呢？爸爸也搞不太清楚，去翻翻書好了，你要不要跟我一起去書店呢？」

和孩子一起挑好書，說「這本書好像不錯吧？」等等，已經算是往前跨了一步。試著買下那本書，回家一起看吧！

因為是孩子自己選的書，所以孩子會主動閱讀。這個部分非常重要。不是強迫孩子，而是因為孩子自己想看，所以去看書，孩子會因此更加主動學習。

再者，親子之間也可以聊聊書的內容，互相討論。聆聽對方所講的，並且在腦袋中組織整理，這樣的練習可以讓孩子更深入了解知識，並且確實得到知識。

相反的，如果是由家長直接解說答案，結果會如何呢？即便孩子當場有所理解，結果往往會因為被動學習而很快忘掉。

此外，如果是跟孩子講「這本書寫得很清楚，看完你就懂了」，然後就只是把書遞給孩子，孩子一定不會去看。即使認真的孩子看了，但是因為是被迫塞入的書，內容完全進不了腦袋，即使要求孩子自己說明、讓孩子寫作文，很多時候孩子還是根本不知道自己在做什麼。

家長應該避免單向溝通，請主動養成「與孩子一同思考」的好習慣。

Point

家長的角色在於協助孩子主動尋找答案，而不是灌輸知識。

07 輸出比輸入更重要

為了讓孩子學習知識，我還有一個建議。請孩子反過來教爸爸媽媽讀書。也就是說，讓孩子輸出學到的知識。

學校老師或補習班老師當然很會讀書，但是並不是因為天生會讀書而教書，而是在教授學生的過程中變得越來越厲害。這個原理也適用於孩子。

因此，我們可以讓孩子積極地把所得的知識教授給他人。例如，如果孩子做完作業，就可以試著問他：「這題你是怎麼解的呢？」等等的問題。

孩子就會告訴你做法，但此時要注意的是，即便孩子答案錯誤，也不要立刻糾正。在孩子解說的過程中，家長要出聲附和，等答案出來再和孩子確認「這樣對嗎？」這樣一來，可以提高孩子自行發現錯誤的可能性。接著，孩子能夠自我修正，最後得到正確答案。

「答錯」這件事情，絕對不是壞事。我們應該要讓孩子多有一些這樣的經驗。因為答錯了，需要主動思考該如何處理才能夠得到正確答案，孩子的學業表現會因此有所進步。

教學技巧較差的老師，往往會在孩子做法錯誤的當下大喊「停止！」等，立刻打斷孩子，然後直接教導孩子正確解答。這樣一來孩子自己就不知道該怎樣思考才能得到正確答案，因而一直無法運用自己的能力去找出正確答案。

相信爸爸媽媽自己或許也有類似的經驗吧？到駕訓班學習倒車入庫、做菜調味料的斟酌使用等，都必須運用自己的判斷力，嘗試錯誤，才能夠真正學會這些能力。

重點是必須意識到不能夠用「停止！」這種喝斥的方式，阻止孩子的思考行動。

最後，我要介紹一種相關的思維模式，一個反而能夠提高孩子鬥志的密技。

那就是**故意打擾孩子讀書**。

例如，試著**拿杯子、飲料罐輕輕敲桌子，或是故意拿塑膠袋發出窸窣的聲音**。

如果孩子反抗：「這麼吵，我沒辦法專心念書啦！快停止！」表示孩子已經出現鬥志的證據。建議各位可以試試看去打擾孩子，以發孩子的讀書志。恢復安靜以後，孩子會更加專心用功讀書。

雖然並沒有談得很深入，但是我主要想在這個單元中表達的是「在教導他人的過程中，犯錯，修正，方可從中得到收穫」。請各位家長注意這樣的教育方式，協助孩子練習輸出知識的能力吧！

Point

不要一直教孩子，而要讓孩子有機會教大人，練習輸出知識的能力！

08 不怕向孩子認錯

我觀察第一志願學生的各種家庭以後意外發現，很少有能夠坦率向孩子道歉的爸爸媽媽。

不論是做錯事情，麻煩到孩子，或是傷害孩子。就算家長有道歉，也只是嘴巴說說，然後再把責任推給孩子，多講一句「不過，還不都是因為你那樣做的關係」等等，這種道歉完全沒有任何意義。

這樣的情形持續下去，孩子會變得憤憤不平，而逐漸封閉內心。

因此，我們應該要誠心誠意向孩子道歉。

這件事情雖然很小，但卻意想不到的困難，為了取得孩子的信任，建立正面親子關係，希望各位務必要試試看。

日本有句話說「讓孩子看見家長的背影」。

相信每個人應該都會有一種想法，「要讓孩子看見自己成功、亮麗的一面」，但事實上應該要反過來。

以自然情況來說，我們會在什麼時候讓別人看到自己的背影呢？

情況良好時，應該都會以正面示人。

只有失敗、受傷、失落時，才會背對他人吧！**讓孩子看見家長的背影，所指的正是「讓孩子看到家長失敗的樣子」**。

每個人都會經歷錯誤、失敗、偷懶、做得太過分、說謊等事情。

重點是當下確實道歉，是否能夠接著改善。

想要向孩子道歉時，可能剛好遇到孩子正在寫作業，找不到好的時間點。因此，當下無法立即道歉也沒關係。

隔天或是隔一個禮拜也沒關係，可以這樣說「那時，我說得太過分了，不好意思喔！爸爸（媽媽）希望你能了解我的想法，所以才會脫口而出不該說的話」以這種方式道歉，這樣就夠了。

如果面對面道歉有困難，大人不妨可以寫信給孩子喔！可以寫「當時我真的說得太過分了，對不起！等我出差回來，再一起吃個飯吧！」等等。

寫信時不要用電腦打字，手寫更能夠傳遞情感。如果沒有正式的信紙，利用廣告單背面、便條紙或二手紙也沒關係。

如果孩子願意，或許還會回信喔！

基本上，只要真誠地道歉，大人做錯的事情不要再重蹈覆轍，也沒什麼大不了的。只要能夠真誠地道歉，一定能夠把您的感情傳遞給孩子，孩子的憤怒情緒也會漸漸平息。

相反的，如果家長對於自己做過的錯事無法釋懷，無法真誠地面對孩子，不願意道歉，擺爛，孩子也會一直記得家長當時的所做所為。

如此一來，孩子會變得經常處於憤怒狀態，進而去傷害他人，也不會道歉，不承認自己有錯。因此容易引發人際關係方面的問題。

一個孩子如果生長於家長願意真誠道歉的家庭，對於家長或是其他人也就能夠真誠地道歉。因為孩子知道，無論失敗，惹人生氣，或是做錯任何事情時，都必真誠地道歉。

會道歉的孩子不會害怕失敗，能夠勇往直前。

由於孩子擁有挑戰的精神，所以能夠輕鬆地達成「想要完成些什麼」的目標。這種態度會連結到用功讀書、為升學考試而努力奮鬥。

Point

願意真誠向孩子道歉的家長，
孩子往往也願意認錯，不怕失敗。

09

不怕失敗的孩子，勇於發問

如同前一單元所述，孩子擁有不怕失敗、勇往直前的態度，這是非常重要的。如果孩子受到家長太多限制，失敗時總是被家長斥責，他們外表看起來雖然是個「好孩子」，但是內心卻極度害怕失敗。

因為「如果不懂就必須向大人認錯」、「一定要一次就懂」這種壓力非常大，所以孩子會變得無法發問或發言，停止思考，漸漸地也就無法好好讀書了。

等到考試時拿到不好看的分數，更加覺得「我竟然考這麼爛的分數，我是個沒價值的人」，甚至還會把考卷扔到垃圾桶裡。

為了要讓孩子能夠勇往直前，不怕困難，爸爸媽媽必須不要太在意孩子的失敗，甚至主動接受孩子的失敗。

例如，**當孩子在家打破碗盤，可以說「你一直都很小心，媽媽反而會很擔心你太小心了。別在意，失敗也是很重要的體驗喔！」**以這種方式一笑置之。

從前常會因為做錯事情而被斥責的孩子，一開始或許會被父母改變的態度嚇到，但是持續下去，孩子就會逐漸卸下心防。

持續下去，讓孩子真心覺得「失敗也沒關係」。這樣一來，孩子就會開始真正做自己，能夠自得地行動，也能夠專心讀書。

如果孩子終於發現自己喜歡的事物，也就能夠找到未來的夢想，會想要為了夢想更加用功讀書。

每次我和學生第一次見面，一定會講這段話：「從今天開始我們要一起讀書，如果你們有不懂的地方，或是有做不到的感覺，這些都是老師的問題。為什麼會這麼說呢？因為老師都非常清楚現在教你們的內容，不過你們卻還無法理解，你們都是第一次學，所以聽不懂當然是老師的問題。

聽不懂是理所當然的，如果聽一次就懂，那真是超開心的啦！因為老師自己也做不到喔！」

講完這些話，再開始教學，孩子會變得不會怕開口發問，有不清楚的地方也能夠輕鬆地提出來，對我說「可以再講一次嗎？」等等。

因此，孩子學習能力會不斷增強。

向老師發問「我不懂」，是一件相當需要勇氣的事，不只在讀書方面，在人生過程中都非常重要。

為了讓孩子能夠做到這一點，家長必須平常就不要老師責備孩子的錯誤和失敗，而是要坦然地接受孩子的錯誤；孩子都會犯錯，大人也一樣，重點是犯錯之後的認錯和修正。。

Point

孩子要知道「失敗是必經之路」而勇於認錯、修正。

10 筆記是做給自己看的，漂不漂亮不是重點

從小學到國中，只要能夠確實寫作業、背誦課文或公式等，就能夠獲得相對的成績。

然而，上了高中之後，如果沒有能力應用所獲得的基礎知識，就無法在考試中獲得好成績。只做最低的要求，成績只會拼命往下掉。

因此，上了高中感受到挫敗的孩子相當多，明明在國中第一名的孩子，到了高中卻突然敬陪末座，原本擅長的學科變得棘手，並不足為奇。

該如何應用知識呢？

我建議，學生可以整理一本自己專屬的筆記。

市面上有許多書籍，介紹各種做筆記方法、板書書寫方法等教戰手冊，所以或許有些家長會誤以為「筆記必須寫得工整漂亮」，就像那些書籍上面的漂亮圖片一樣。

然而，如果想要寫出工整漂亮的筆記，孩子會變得只注意寫漂亮的筆記，但筆記寫得再漂亮，也無法與學業表現做連結。

所以，其實筆記基本上只要自己看得懂就好。

然而，從小學到國中，認真寫筆記與學習評量一直有關係，因此必須確實好好寫。所以按照學校建議的標準，讓孩子作業寫得整齊工整。家長再另外準備一本筆記本，讓孩子整理成自己容易看得懂的筆記！

要孩子自己做一本易懂的筆記，但是我想一開始一定會不知道該如何下筆。

首先，建議讓孩子自由地使用完全空白的筆記本，讓他們先隨便寫，掌握屬於自己的風格。

有技巧利用空白筆記本的重點是，首先要訂一個主題，然後用左右兩個頁面去彙整。當你想要查詢任何東西，只要翻開這兩頁，立刻能夠掌握全貌。

再著，不要限制孩子，不妨先**讓孩子用浪費的方式寫筆記**。即使只寫三行，留一大堆空白也沒關係，覺得這個主題寫完了，毫不猶豫翻到下一頁重新設主題。因為，與其覺得浪費而把空白處填滿，倒不如留白，反而更容易閱讀。

讓我介紹一位學生，他曾經對於地理學科感到棘手，就讀高中三年級時做的筆記。首先，他在筆記本的正中央寫下「南非種族隔離（Apartheid）」這個考試經常會出現的專有名詞，接著在周圍畫線，依序寫下「種族隔離政策」、「南非共和國」等相關名詞。

接著他在各名詞旁邊，再寫下自己所聯想到的相關名詞，例如「差別待遇」、「蠻橫傲慢」等。

這種筆記方法，就是所謂的心智圖（Mind Map）（英國東尼・博贊Tony Buzan先生所提倡的一種視覺化筆記方法，讓腦袋所想到的東西視覺化），只是寫法更自由。沒錯，寫得亂七八糟也沒關係。**最好是別人看得「??」一頭霧水的筆記**。

由於想要強記下來的專有名詞，是直接將自己腦袋所記憶的迴路寫下來，因此即使考試時忘記了重點，也很容易利用考卷上的語句或是名詞聯想出來。

事實上，只有筆記當事人能夠理解的筆記，才是最有用的參考書。

剛開始M同學只是在筆記本正中央寫了一個巨大的關鍵字，還不知道要在旁邊寫什麼，所以空白很多。不過寫筆記一陣子後，就抓到了筆記的訣竅，而逐漸寫出自己容易看懂筆記。

M同學的地理成績也因此一飛衝天。

像M同學一樣，寫筆記要掌握個人的筆記風格，配合個人喜好，因此不妨自由選擇筆記本的樣式。因應各種做筆記的方法，市面上已經開發出更易於使用的不同筆記本類型。寫筆記可以幫助孩子的學業成績進步。

Point

做筆記目的不是「給別人看」而是「自己復習」。

11 從擅長的學科開始建立自信

當孩子遇到棘手的學科，家長應該都會很擔心吧！

幾乎所有的爸爸媽媽都會希望孩子可以應付所有學科，而不會有什麼特別困難的問題。然而，結果往往造成所有學科成績平平，表現都不出色。

如果希望整體成績進步，我建議可以先對付比較擅長的學科，好上加好。

學科不同，但是讀書所需要的專注力是一樣的。此外，各科解題的方法有不少共通的部分。多練習比較擅長的學科，其實也多多少少會對那些棘手的學科有些幫助。

如果孩子在某些學科的成績表現鶴立雞群，反而會增加同學和朋友評頭論足的機會，「他的國語那麼強，英文卻不怎麼樣呢！」。

孩子會因此覺得不甘心，因而激發出想要挑戰其他學科的意願。

每科成績表現都平庸的孩子，反而無法得到這樣的機會。

在此分享一段我個人的親身經驗，以前我念書的時候非常喜歡數學，所以在高中二年級冬天以前我都只讀數學。我完全不管其他學科，特別討厭英文，我還曾經因為英文成績不及格變成全校最後一名，討厭英文到連英文字母都不想看到。

當時一個英文很厲害的同學對我說：「時田，你數學那麼厲害，英文卻完全不行啊～」、「單一學科再強，也毫無意義！」等等的話，讓我感到相當屈辱，所以我還是開始讀英文了。

透過練習數學得到的心得，我決定用自己覺得舒服的讀書方法切入英文。我知道有不懂的地方直接問同學最快，所以對於讀英文這件事情我也採取了相同的方法。

例如，英文文法實在太枯燥，我一直讀不懂，就先從聽歌曲的英文歌詞開始。因為我喜歡日本搖滾團體 B'z 的音樂，所以一開始就先選擇他們全英文歌詞的歌曲來聽，嘴巴也跟著唱，因而抓到了英語語感。

我想「是不是還有其他英文歌曲呢？」所以聽遍了家中各式各樣的 CD，其中一張專輯裡有好幾首熟悉的歌曲，我想「披頭四太強了！這是『開運鑑定團』的主題曲嘛！」等等（笑），沉浸在西洋音樂的魅力之中。

像這樣開心的聆聽音樂，接下來我認真地想要知道歌詞的意義，於是常向老師和同學討論，在這個過程中，產生了「原來如此，這種言外之意還真酷呢！」等感覺，讓我對於英語獨特的表達方式產生了興趣。

這招是我在研讀喜歡的數學時學到的，拿來套用學英文，英文成績就這樣不斷地攀升，不到半年，到了高三夏天，我的成績已經可以超越當初嘲笑我的同學了。

看到我的例子，相信大家可以理解我之所以會認為，如果孩子覺得哪些科目特別困難，不要勉強他們去硬讀那個學科，而是先從擅長的科目開始建立信心，再一一擊破其他科目。

然而可能有些孩子沒有特別擅長的科目，如果是這種情況，有興趣的非學科也沒有關係。個人興趣或運動都可以。

得到一個成功經驗，就會產生新的興趣，並且會繼續產生新的成功經驗。

爸爸媽媽只要在旁邊加油打氣「你好棒喔！再接再厲努力看看吧！」讓孩子先搞定擅長的學科，延伸到不擅長的學科，一一擊破。

Point

從擅長的學科開始，一步步搞定成績不好的學科！

12 不要害怕問問題，養成不恥下問好習慣

學科表現平平，成績不高也不低的孩子，大多有一些特徵，那就是自尊心很高，覺得「發問是一件很可恥的事」。

這樣的孩子，因為自尊心的束縛，而放著不懂的問題，隨波逐流的結果就是變得越來越不會讀書。

不懂的地方就去問人。孩子能夠做到這點，成績絕對會有所起色。

會讀書的孩子深知這個道理，所以會不斷向老師或是同學問問題，搞懂那些不清楚的部分。

此外，**大部分在校成績較差的孩子，由於會覺得自己就是不懂，所以不會覺得問**

問題有什麼可恥。因此，**越是成績差的孩子，越是有會卯起來拚命用功的可能性**。

為了讓孩子能夠不恥下問，有任何不懂就去問人，家長自己也要身先仕卒，有不懂之處要毫不猶豫地去問別人，而且行為要讓孩子知道。

例如可以在家裡，媽媽可以問爸爸：「圖書館以前有這類型的書，你知道嗎？」看電視的爸爸可以問媽媽：「這部卡通是誰畫的啊？」等等的問題，在日常生活中養成發問的習慣。

這樣一來，孩子會自然而然潛移默化，願意主動向爸爸媽媽請教。即使孩子沒辦法很快懂得也沒關係，幫忙孩子解答問題的行動，比答案本身更重要！

懂得不恥下問，時時發問，孩子會去思考「不知道的事情，應該試著多多詢問別人」（甚至還會進而思考自己的未來）。

在家裡養成習慣，遇到問題就要發問，讓問問題變成生活的一部份。

Point

懂得提問的孩子，學業表現進步指日可待！

第 2 章

家長的教養態度
會影響孩子的學習動機

本章節將介紹如何激發孩子的讀書動力，家長想要協助孩子所能做的事情。將以直接能夠撼動孩子的具體方法為主。家長請從自己做得到的部份開始嘗試。

又在看閒書…
學校功課做完了嗎？
嗯～，我把這看完再去做～
又開始打電動…
沒關係！
會沉迷的事，表示是孩子「喜歡的事」，
BOOK
MANGA
讓孩子喜歡的事物成為孩子的核心事長。充分支持孩子。
孩子喜歡的興趣或是電動遊戲，都包含著可以讓孩子「想要用功讀書」的要素。
算式
動物
科學
歷史
BOOK
MANGA
不過，如果我不管，孩子真的會一整天都在玩電動耶…

即使父母碎碎唸，孩子仍然不停止。
啊，如果我這樣做的話……！
「自我管理」這種開關必須要自己開啟，否則沒有意義。
ON
建議暑假不要幫孩子訂定學習計畫，就讓孩子盡情玩樂！
喔耶！
這樣好嗎？
只要把作業放在孩子看得見的地方，讓他自己覺得「直拖下去也不是辦法」。
8月
31日
完蛋了，做不完了！
就算來不及完成作業，因為是孩子咎由自取，所以會打從內心頭覺得悔恨
下次我一定要早點開始…
自我管理
如果家長管理，孩子只會變成「推一下動一下的人」。
加油！

01

未來想要做什麼職業太遙遠，不如讓孩子尋找理想

讓孩子主動用功讀書，最快速的方式就是讓孩子描繪出自己理想的生活、「自己以後想要成為的樣子」。

升學考試本來就不是終極目標，而為了達到理想的一種手段。

如果孩子本身有一個「想要成為那種模樣」的目標，瞭解為了要實現目標必須要透過升學考試或讀書，就會主動想要努力。

即使目標不是律師或醫師等具體的職業，也沒有關係。

如果孩子很早就確認想要做的職業，如果成績不好，可能還會覺得受挫。

那麼，該怎麼做才好呢？

為了讓學生找到「自己想要成為的模樣」，我會在課堂上進行一個活動。

那就是讓學生**拿白紙寫下自己喜歡的、尊敬的、覺得很酷等，長大想要做的事等等關鍵字。**

放手讓孩子隨意書寫，結果寫出許多與夢想目標的外表、行為、成就等相關的有趣關鍵字。完成後，再讓他們連結這些關鍵字，創造一個角色。

例如，孩子寫出的關鍵字有「能在眾人面前侃侃而談」、「受大家歡迎」、「上電視」、「長頭髮」、「能歌善舞」等，那就是一個「長髮超級主持人明星」的形象。

完成角色的設定，接下來就和孩子一起思考，如果想要成為那樣的角色，該怎麼做呢？

當然，討論過程自然會出現和讀書有關的條件。

例如：「為了練習在眾人面前侃侃而談，平常上課時最好要經常主動舉手表現」、「為了成為可以上電視那種受歡迎的對象，必須參與新人選拔會，與一大堆人競爭，所以必須確實表達自己的意見」等等。

這樣一來，為了成為自己的理想，孩子會主動注意自己具體應該學習那些東西、還有哪些地方不足。

自己注意到的事情，會成為讀書的目標。孩子會產生這樣的流程，**「想要達成理想↓必須學習不足的事物↓必須用功讀書」**。

比起家長在旁邊嘮叨「快點去讀書」，這種方式應該更能引發孩子的讀書意志力！

Point

將「讀書」與「未來的理想」互相連結，孩子自然產生強大的意志力。

02

為孩子的興趣，創造一個可以探索的環境

讓孩子進行前一單元的未來想練習，有時候或許還不太有辦法寫出關鍵字。在這個時候，可以試著帶孩子進行各種不同的體驗，例如：參觀運動比賽、藝人套星現場秀等活動，或是主題樂園等。孩子產生興趣以後，繼續帶孩子去參加類似的活動，或者可以讓孩子看相關的影像或書籍，以培養孩子的興趣。

此外，還可以讓孩子去書店挑選幾本喜歡的書，在日常生活中讓孩子試著自己去做一些選擇。

在持續探索未來志的過程當中，孩子會漸漸發現自己喜歡的事物，發展自我核心專長。

例如，讓孩子選書的時候，如果孩子要看家長的臉色，堅持不要自己選書，這時，家長應該要多鼓勵孩子，在日常生活中讓孩子懂得接受失敗（接受失敗的方法，請參考第1章第9單元），持續下去，孩子會逐漸產生興趣，找到自己的核心專長。

此外，第1章我們曾經反覆提 qow 好幾次，不要莫名禁止孩子喜歡的事情，重點反而是要讓孩子更投入。一個孩子就讀小學的爸爸前來找我諮詢，他說：「我兒子有點奇怪，看書看個不停，要不要阻止他呢？」

客觀而言，應該會覺得喜歡讀書這件事情非常棒啊！但是當孩子過度持續某件事情的時候，家長或許會覺得不安。

讀書、看卡通、努力打毛衣、熱烈期盼「妖怪手錶」徽章上市…通通都可以。孩子越是受到吸引，更要鼓勵孩子持續下去。

熱情是核心專長的重要條件。

積極投入的事物，對孩子而言就像是空氣般理所當然。因此當我們對孩子說：「把喜歡的事情寫出來」，讓他們做這個練習，是有時候根本寫不出來，因為他們從來沒認真想過這件事。

此時，家長可以關心孩子，提醒他們「你不是很喜歡做某件事嗎！」

舉例來說，**我在童年時期最沉迷的事情是看卡通「龍貓」。到現在為止，我總共看了超過一二〇〇遍以上，多的時候甚至一天會看三遍。**

我在童年時期，劇中主人翁「小梅」有著同樣的感受，所以會有一種羨慕的感覺，希望自己也能「有那樣的朋友真好啊！」

等我到小梅姊姊「皐月」年紀相仿時，我會覺得「如果有像她一樣倔強的同學，我也會生氣吧！」或「能有像小梅一樣的妹妹多好啊！」

其實，到現在我還是偶爾會看一下，不過現在的我會從爸爸的角度來看這對姊妹的樣子，覺得真是為她們捏一把冷汗。

家裡的人看到我又在看龍貓，雖然沒有想看，還是會湊過來關心一下，他們大概應該覺得我已經瘋了吧（笑）！

不過，在反覆觀看同一件作品的過程中，我會同時檢視當時自己的情形，所以我可以描繪自我思維的輪廓。

沉浸於熱愛的事物，孩子能夠因此發現自己的核心專長，主動思考與行動。所以請務必重視「孩子的喜好」，讓孩子能夠把興趣與專長連結在一起。

Point

為孩子的興趣，創造一個可以充份索的環境。

03

讓孩子知道，可以在大學裡面找到志同道合的伙伴

跟孩子談到入學考試相關話題時，爸爸媽媽經常會脫口而出：「進入好大學，比較能夠增加未來的選擇機會」。

由於企業、公司會以大學名校來選人，所以這樣說不能算錯，但是對孩子而言「選擇機會，是什麼？」、「可以選擇什麼？」應該一知半解。

我和學生在談升學考試這件事情時，我會說**「進入心目中的大學以後，一定會遇到與你氣味相投、有趣的人」**。

這樣的話題對於建立學生的鬥志，具有很大的幫助。

曾經發生過這麼一段故事。

高中二年級的C同學，表示未來想要去柬埔寨辦學校。

當我詢問：「為什麼呢？」他只是淡然地回答：「新聞看到，我想要這麼做。」

C同學為了實現目標，立定了自己的志向「我要好好用功，進入好大學，打工存兩年左右的錢，再去柬埔寨……」，但是目前好像還不太得讀書要領。

因此，我試著問他：「如果有些老師認識那些已經在柬埔寨辦學校的人，你覺得如何？」，C同學的眼睛閃閃發亮地說：「我想請那些老師教我！」

我又接著問他：「你想不想知道那些人在當地的想法，吃著怎樣的食物，過得怎麼樣呢？」C同學說：「我想知道！」

因此，我告訴他：「你只要考上國際合作的大學，一定會遇到志同道合的朋友」，C同學便具體篩選了一些志願，並開始為了考取而自動自發地用功讀書，最後考上慶應義塾大學。

如果是對孩子而言，還很茫然無措的夢想，例如研究人員、運動選手等……請告訴他們，現在已經有很多人正在實踐他們的夢想。

這樣一來，孩子就會覺得夢想具有真實感，會想要與志同道合的伙伴見面。

讓孩子去查可能可以在哪些大學遇到這些人，和孩子一起列出候選名單。

孩子就能夠在過程中知道為什麼要考那間學校，為什麼想去，升學的目的，目標就會變得比較具體，孩子會為了自己而努力用功。

爸爸媽媽必須確實明白孩子是為了什麼要讀大學，再考量大學的知名度或是孩子在校成績等其他標準。

Point

尋找大學中志同道合的伙伴和科系，可以引發孩子的讀書動力。

04

從有趣的事物切入，引發孩子的學習動機

如前一單元所述，當孩子選擇想就讀的大學時，不妨從能夠遇到可以幫助他實現夢想的人，或是可以遇到擁有同樣夢想的人，以激發孩子讀書的動力。

事實上還有另外一種有效的方法，那就是讓孩子看一些與學習有關的影片。我經常會讓學生看一些不太一樣的數學，或是有趣的科學實驗等卡通。這些與學習相關的資訊，也可以藉由文章或是對話傳遞給孩子。不過，欣賞影片會更容易了解、更快速地讓孩子產生興趣。

和孩子一起欣賞影片的過程中，孩子會出現「這個實驗，是怎麼做出來的呢？」等求知慾，進而詢問「想要做出這種東西的話，要進哪一間學校或科系呢？」

於是，我就會和孩子一起去查各大學科系，告訴他們我所知道的資訊，讓孩子選擇想要考的學校。

家長可以網路檢索各種與學習相關的影，也可以讓孩子看一些以學習為主題的電視節目或ＤＶＤ。

但影片只是播放過去，想要仔細觀看，建議可以讓孩子去找一些相關圖解書。

例如：**如果對國外有興趣，市面上有很多「你所不知道的世界」，或是「死前一定要去過的一〇〇個世界秘境」等書名娛樂要素較強的圖解書，可以買這類書籍回家，與孩子一起閱讀，提出意見。**

當孩子對某些領域有興趣，家長往往都會希望孩子讀一些艱澀難懂的專業書籍，然而重點是要讓孩子覺得「有趣」。

當孩子找到自己的興趣，自然就會想要深入那些專業書籍。

請先利用簡單易懂、有趣的影片或圖像當作入門，擴展孩子的興趣吧！

Point

有趣的想法，可引發孩子的學習動機。

05

幫助孩子從興趣找到讀書的樂趣

如果希望孩子用功讀書，就必須要讓他們覺得「讀書很快樂」。這個部份可妥善運用「孩子的興趣」即可。

學習與喜歡的事物掛勾在一起，就能夠大幅提高學習意願。

首先，喜歡的藝人或服裝、生物、電視節目等什麼都可以，知道孩子喜歡什麼，家長就帶著興趣、洗耳恭聽吧！（詳細方法請參照第3章第1單元）

然後再從這些孩子喜愛的事物中，找出能夠與讀書連結的要素。

具體案例方面，就讓我們再談一次那位先前提過、最後考上東京大學、原本在校成績不及格、「除了打棒球」什麼都不會的孩子吧！

我幫助他串連了最愛的棒球，促成他的學業表現大躍進。

這個孩子能夠記住大量的棒球選手防禦率、打擊率等資料，但是卻不了解那些數字背後的計算方式。所以，我就教他那些計算方式，他發現一直以來這麼熟悉又親近的資料，竟然藏有數學背景，於是突然開始對讀書產生了興趣。

另一個是我聽到的故事。

一位喜歡摺紙的小學男生，遇到了崇拜的摺紙創作家，便詢問對方：「要怎樣才能變得很會摺紙呢？」

摺紙創作家回答：「請好好研究摺紙以外的事物。摺紙要能夠摺得好，必須確實了解動物、建築物、交通工具等各種形狀。因此如果無法廣泛地涉獵學習，就無法得知組成事物的形狀。所以用功讀書是很重要的。」

聽到了如此的建議，男孩從此變得非常用功。

的確，**電視或是遊戲等孩子喜歡的娛樂，或許看似與讀書毫無關聯。**

不過在那些娛樂當中，卻含有能夠讓孩子「想要用功讀書」的要素。

就讓我們善用孩子的興趣，鼓勵孩子對讀書的動力吧！

Point

孩子對於興趣的能量，可以完全轉移到讀書上面！

06 瘋狂打電動，反而學會自我管理

在前面的第2單元中，我們提過讓孩子有一個可以充份發展興趣的環境，是很重要的事。

不過，雖然說最好是要讓孩子份發展興趣，但是在某些程度上家長還是必須要控制時間。

一位國小三年級的B同學，他的媽媽相當煩惱地說：「我家孩子，一整天都在打電動。叫他吃飯也不願意過來……。」於是，我便向這位媽媽建議：「請您就讓他一整天、瘋狂地打電動吧！」

這位媽媽就照我所說的，對B同學說：「你今天可以一整天一直打電動」，媽媽準備好了飯菜，也不會叫他來吃飯。

B同學打了一陣子電動，覺得肚子餓了，來到餐桌前。

這時媽媽立刻說了一句：「為什麼跑過來了呢？不是叫你今天一整天一直打電動嗎！」

B同學說：「你為什麼要這樣說啊！」然後開始吃飯。

從那天起，B同學一到吃飯時間，就會主動到餐桌前。

越是被人要求「停止」做自己喜歡的事，越想繼續做，這是人類的天性。

因此，我們要扭轉這種制約。

這樣就能消除孩子想要繼續的念頭。

然後，接下來孩子就會因為有危機感，而自己按下「自我管理」開關。

「自我管理」開關只有孩子自己開啟才會有效。無論家長說再多次「剩10分鐘喔！」或是「夠了吧！」孩子都充耳不聞，就是因為這樣的關係。

這種方法目的不是要讓沉迷於電動的孩子變得不再打電動，而是**讓他們變得懂得自我管理時間**。

家長干預孩子打電動，孩子就無法學會自我管理（時間管理），成年以後會繼續沉迷電動。

就家長的立場而言，雖然要有勇氣鼓勵孩子做那些不想讓孩子做的事情，不過根據我的經驗，所有孩子都因此變得能夠自我管理！

時間管理能力，在考試中也是不可或缺的。請務必幫助孩子建立自我管理的能力！

> **Point**
>
> 利用「不想讓孩子做的事情」，讓孩子學會自我管理。

07 自我管理不是教出來的

暑假學校總是會出很多作業，所以有些爸爸媽媽或許會認為「必須訂定暑期學習計畫」。

但是，請各位家長回想自己的學生時代。

你們真的有按照計畫讀書嗎？

幫孩子訂定了完整的學習計畫，卻總是無法執行，或是勉勉強強完成，最後往往只留下「無法遵守計畫」、「反正訂計畫也是白費力氣」等印象。

所以，我建議**暑假不該訂定學習計畫，反而要讓孩子好好地玩**。

誠如各位所知，孩子很容易玩膩，如果任由讓他們一直玩，不去管他們，沒多久他們會自己去找別的事來做。

所以，到了暑假，家長大可對孩子擺出一副不在乎的樣子，**「暑假作業那種東西沒關係啦！去玩！去玩啦！」、「8月31號那天咬咬牙，一鼓作氣就做完了！你是天才，所以沒問題啦！」**

然後，接下來的重點是——要把作業放在孩子視線H目得到的地方。

由於作業隱隱約約會進入視線，所以孩子無法擺脫作業的存在，不知不覺中就會覺得「如果自己不做作業就慘了……」而主動開始寫作業。

但是，這種作戰方式必須從小就開始。

小學低年級的學生，由於無法掌握自己的步調，所以到了開學典禮那天作業恐怕還是完成不了，而無法繳交。

不過，失敗這件事情越早體驗越好。

如果孩子因為無法繳交作業而沮喪，請不要罵孩子。

讓孩子接受事實吧！「是喔！被老師罵了啊！媽媽如果有幫你注意一下就好了吧？」

聽到家長這樣說，孩子就會認知到，這是自己的責任。「不，應該是我自己，如果好好做就好了」。

讓孩子反省「下次作業要及早處理、確實完成」，自己發現問題所在。

相反的，如果家長強迫孩子訂定計畫，要求孩子「確實完成作業」，就會把孩子培養成即使成了國中生、高中生，還是喊一下動一下的被動者。

而且，被動的孩子，就算作業沒做完被老師或是家長斥責，孩子也不會自我反省吧！如果不是自己主動想做，只是受到家長控制，孩子不做也不會產生「後悔」或「下次更努力」的想法。

假設現在你的孩子已經是高中生了，依然無法主動完成暑假作業，請你試著挑戰放任孩子的方法。

高中生的心態與小學生不同，不喜歡家長限制，但是卻能夠真正產生自我管理的意識。

無論如何，培養自我管理能力都是相當重要的。

Point

放手讓孩子學習自我管理。

08

孩子的身體姿勢，會影響學業表現

「專心用功讀書的時候，孩子就會駝背，真是沒辦法。」

「只要孩子努力用功，姿勢不良也沒關係。」

各位家長都是這麼認為的嗎？

成績好的孩子，相對地腰桿一定都很直，這是我接觸過這麼多學生以後發現的結論。

所謂「腰桿挺直」這件事情，與身材胖瘦無關，背部肌肉都能夠自然延伸拉長，身體左右平衡，眼睛炯炯有神，就是正確姿勢。

我認為讀書、吃飯的姿勢，會影響學業表現。

我們在思考的時候，血液會在腦部與身體之間循環。

如果是駝背或是往左或往右歪斜的姿勢，由於身體彎曲，血液無法充分運送到腦部，會在動頭腦時產生不良影響。

也就是說，我認為姿勢良好可以加速腦部運作。

如果身體左側或是右側歪斜，是造成姿勢不良的原因。

例如，不能一直用右肩背書包，建議有時候也要換到左肩背。如果平常用右手寫字，電腦滑鼠就換成左手等等，左右手分工使用，是一種恰到好處的頭腦體操（如果這樣做很困難的話，不妨偶爾為之）。

最好不要用手撐臉、靠在牆上等，造成身體左右歪斜的姿勢。

我發現孩子如果只是被唸「注意姿勢」，往往會充耳不聞。

因此可以對女孩子說：**「如果繼續維持這樣的姿勢，身體代謝會變差，容易疲勞、變胖喔！」**

女生很在意外表，這樣說往往會非常有效果。

如果是男孩子，可以在他讀書時說：「**努力思考的確可以解出這道題目，但是如果血液不順暢，腦部就無法正常運作。身體彎曲，血液循環就會變差，大腦也會變差喔！**」

男生一聽到就會立刻矯正姿勢。

各位家長在協助孩子讀書時，請務必注意孩子的身體姿勢。

Point

矯正錯誤讀書姿勢，血液循環順暢，加速腦部運作。

第 3 章

家庭形成團隊，幫助孩子相信自己一定做得到！

本章將介紹強化家庭團隊的方法。提供從「親子關係」著手，讓彼此關係變得更好的秘訣。

為了要讓全家人成為一個團隊，必須要先建立彼此的信任關係。
為此，究竟該怎麼做才好呢…
孩子會信任關心自己、傾聽自己講話的人
今天呀~某某某啊~
在學校，老師啊~
嗯嗯！
喔~~
那本書有趣嗎？
你喜歡哪一款遊戲呢？
爸媽都好關心我的事情喔~
嗯~我覺得呢~
與其「一定要做」對於家庭盡義務，
今天實在太累了，偶爾吃吃外食也不錯吧！
好吃~~
不如享受全家在一起的時間，更重要。

要趕快把衣服摺好
啊~好忙喔！
還得洗浴缸，啊，那件事也忘了。
媽媽看起來很忙，我去幫忙吧…
謝謝你~幫了大忙！
家長的笑容會讓氣氛變得更好，孩子也會變得主動幫忙。
你好會畫圖喔！
你剛剛讓我贏喔！你人真好耶！
家長率直地對孩子表達心情，孩子也會一點一點地敞開心房，全家人就能夠團結成為一個團隊了！

01

親子對話的主角是孩子！不是家長

為了讓全家人成為一個團隊，必須要建立親子之間的信賴關係。為此，爸爸媽媽而言最重要的事情，就是要讓孩子打從心裡信任家長，關於這個部分我們已經在序章中談過。

那麼，家長該如何取得孩子的信任呢？

答案意外的簡單。

就是家長要好好傾聽孩子說話。如此而已。

孩子，會信任關心自己，好好聽自己說話的人。

每當我收到一個新學生，一開始我不會教他們讀書。

我會先去了解，孩子有哪些興趣，目前為止發生過什麼重要的事情，討厭那些東西……等。

我發現有不少孩子告訴我，在家裡幾乎沒有人聽他講話。這些孩子一旦開口說話就滔滔不絕。因為有人關心、想要聽他們說話，他們就高興得不得了。

原本孩子在家長面前沉默寡言，在我面前卻講個不停。

每當我問家長：「各位有好好聽孩子說話嗎？」大家都會說「我們有對話」，但是問到是否傾聽孩子講話，大多數人都沒有自信回答。

此外，如果家長只是隨聲附和，自以為是講一堆話，實際上只是剝奪了孩子講話的機會。我經常看到這種「對方都不聽我講話」的親子。

這是一個國小六年級、D同學的故事。

他的媽媽是專職家庭主婦，時間相當充裕，所以媽媽很有自信地說：「我與孩子有充分地對話」。然而，媽媽卻和D同學關係一直不太好，很擔心D同學的成績一直上不來。

因此，我便要求到D同學家一起用餐，我發現親子之間的確是有對話，但是比例卻是96比4左右，都是媽媽單方面在講話。

撥出親子對話時間，卻幾乎不讓孩子說話，這樣實在稱不上是溝通吧！

D同學覺得，平常媽媽都不聽自己講話，讀書又一直被媽媽罵，他開始自我否定，覺得「我只不過是會惹媽媽生氣的生物罷了」。

如此一來，當然無法激起想要努力用功的想法。

所以我建議媽媽「吃飯時，請優先聽D同學講話」。

找出D同學有興趣的話題，問問孩子。

D同學對遊戲很有興趣，所以媽媽去查遊戲裡會出現哪些角色，然後試著問D同學：「某某擁有什麼力量呢？」

由於孩子從沒聽到媽媽談遊戲的事情，D同學一開始只覺得「咦？」然後沉默不語，但是媽媽不放棄，每天都找他聊遊戲話題。

不知不覺中，D同學終於開口聊遊戲的事了。

媽媽好好地聆聽，做為下一次談話的延伸。

就這樣，親子之間的溝通越來越頻繁，建立了親子間的信任關係。

D同學終於開始在學校努力用功讀書，對於未來的夢想，他在與媽媽聊天的過程中也設定好了目標，成績因此不斷地往上攀升。

有不少家長都會因為想要得到孩子的尊敬，想要把自己的主張灌輸到孩子身上，而不小心自顧自地說過頭。

與其這麼做，倒不如去關心、聆聽孩子的興趣，反而會讓爸爸媽媽更得到孩子的尊敬與信賴。

我想，孩子喜歡的話題其實很多，像是好朋友、喜歡的卡通等。如果家長不知道，可以去看一下孩子正在閱讀哪些讀物，或是去查一下正在流行的事物。

如果父母因為公事繁忙等，無法有時間與孩子對話，也可以在桌上或是冰箱等處留一張與孩子喜歡事物相關的便條。

孩子發現便條紙，會覺得「原來爸爸媽媽對我很關心呢！」而感到非常開心。

還沒看看便條紙寫什麼，孩子也會敏銳地察覺到家長對自己的關心，而逐漸敞開心房。

寫了那麼多，其實我只有一個請求。

請各位家長，不要忘記告訴孩子「我永遠都很關心你喔！」與孩子之間的信賴關係就是由此而生。

Point

想要得到孩子的信賴，與其對孩子說話，倒不如聽孩子說話。

02 家長幫孩子做太多，孩子反而不想讀書

我們很感激媽媽為家庭的付出，有一些媽媽卻對家事以及孩子的事情過度努力，覺得自己「一定要做到盡善盡美！」

乍看之下或許會覺得，這樣做對孩子而言是一件很不錯的事情，但是卻適得其反，反而會阻礙孩子的成長。

打掃房間、換衣服、準備隔天上課的課本……媽媽全部為孩子做好身邊所有的事情，這樣會怎麼樣呢？

雖然是為了避免孩子房間雜亂不堪，預防孩子忘記帶東西，但是孩子反而會覺得「我什麼都不用做也沒關係」，漸漸無法主動處理好自己的事情。

這樣做，與其說是養育孩子，不如說只是在養寵物而已。因為我們並沒有把孩子

當成家庭的一員，全家人無法成為一個團隊。

造成家長的負擔加重，累積過度壓力。

接下來要談一個國中三年級、E同學的故事。她原本的成績並不差，只是沒有上補習班，與家教老師也不合，漸漸變得不想讀書。

我接受E同學媽媽的諮詢：「孩子成績突然掉下來，該怎麼辦才好？」我便進行家庭訪問。

進入學生家門的瞬間，我就覺得「這下糟糕了」。家裡感覺像是樣品屋一樣過度整潔。E同學的房間也被媽媽打掃得乾淨完美。

我一眼就發現媽媽的注意力放在整理，卻沒有關心E同學。我在詢問E同學的時候，媽媽也都急著搶答。

E同學完全被媽媽管得死死的，我當時還在想，她或許會變成拒絕上學的孩子，果然幾天後E同學真的不去學校了，躲在房間裡不肯出門。

因此，我讓媽媽做的第一件事就是「環境亂七八糟大作戰」。

一開始我先在乾淨得發亮的餐桌上，放一張廣告傳單。媽媽表現一副厭惡得受不了的樣子，但是我堅持，下一次再去做家庭訪問時，還是要放在那裏。**接著我又再把一些多餘的東西放在餐桌或地板上，讓家裡變得越來越亂，還規定媽媽停止幫E同學打掃房間。**

就這樣過了三個禮拜，某一天，原本E同學只要媽媽不到房間叫她，彼此就不太會碰面，現在E同學卻自己跑去找媽媽講話。她用一種虛弱的聲音拜託媽媽：「幫我整理房間吧！」但是，媽媽忍住了想要幫孩子的想法，拒絕了她：「老師說我不能幫你，抱歉囉！」

沒想到，E同學居然開口拜託媽媽：「借我吸塵器。」所以，媽媽就把吸塵器交給孩子。

不過，由於E同學從來沒有使用過吸塵器，所以不知道該怎麼使用。電線該延長到哪裡才好、要按那裡才會啟動……她感到不知所措。

看到這種情形媽媽才發現，**「孩子都已經國中三年級了，竟然連吸塵器都不知道該**

怎麼用，可見真的是我做太多了吧……。」

此外，媽媽也注意到了自己真正的想法，「其實我也不是真的想做家事，而是因為太在意外界的眼光，才會產生義務感」。

後來我再去E同學家拜訪，家裡維持著適度的整潔，媽媽的表情變得開朗許多。因為媽媽不再覺得自己有打掃的義務，反而能夠享受家事樂趣，覺得「這樣做或許足夠整潔乾淨了」。

受到媽媽改變的影響，E同學逐漸敞開心房，親子對話也增加了。她早上終於能夠按時自動起床，暑假能夠來我們班一起讀書，也不再討厭出門了。

到了第二學期，她願意回學校上課。

E同學在讀書方面覺得「想要考上好高中，想要認識有趣的朋友，希望世界能更開闊」，因此努力用功，成績也有所進步。

E同學雖然在國三第一學期陷入幾乎沒辦法上學的困境，最後卻以在校成績偏差值65考取明星高中，順利成為高中生。（註：日本學業成績最高為75，排名全國學生前

1%）。

如同這個案例，認為自己有做家事義務的各位媽媽，請你們暫時放手。放鬆心情、與孩子愉快相處，孩子才會有想要主動學習的心！

Point

家長要先放手，孩子才能勇往直前。

03

親子共進晚餐，吃得開心最重要

請問各位家長認為，孩子的飲食方面，最重要的是什麼事情呢？

是「飯菜對腦部發育營養、均衡」、「為了讓孩子感受到我的愛，必須親手製作」……等等嗎？

做飯做菜如果不會太累太辛苦，當然很好，但是做過的人都知道有多麼麻煩耗時，又熱又累。

如果為了做，而減少了與孩子的相處時間，那麼我就不建議花太多時間。

關於孩子的飲食，最重要的是要吃得開心。

如果媽媽覺得自己有義務而太過努力做菜，是不會讓人覺得美味的。

此外，也不必每天強迫一定要變換菜色，而過於鑽牛角尖，拼命做一些想讓孩子喜歡吃的菜，結果變成為了孩子一個人吃飯而勉強自己去煮飯。

在這種無法讓人放鬆的狀況下用餐，你會快樂嗎？

這樣並不是吃飯，相信大家都會覺得是在餵食飼料吧！再怎麼精緻的菜色，如果不能夠吃得關心，就無法獲得滿足，營養也吸收不良。

相較之下，倒不如直接去買速食，親子之間愉快地談天說地，吃起飯來更能增進親子關係。

例如，做三道菜很麻煩，不如減少一道菜，或利用即食品、冷凍食品也可以。也不必去注意吃的規矩，應該優先考慮與孩子同一時間點吃飯，並營造愉快用餐的環境。

這樣一來，不但能夠穩定孩子的情緒，也可讓孩子願意讀書。

等到有時間、有心情，親手做幾道菜即可。

好菜充其量只是一種手段親子共進晚餐，目的在於與孩子聊天、溝通。注意不要為了吃飯而本末倒置。

Point

吃飯除了「好吃」，還要「開心」。

04 請讓孩子幫忙做家事

基本上只要爸媽隨時保持笑容，認同孩子的優點，全家人就可以成為一個團隊。

我見過許多親子關係不太好的家庭，爸媽的表情幾乎都很僵硬。

我想可能是因為家裡有人際關係、夫妻關係等各種複雜的原因存在，但不可否認，有許多家長都有的共通點是，對家事或孩子的事過度抱持著「什麼都要管，什麼都要插手」的想法。

就像前面第2單元所介紹的E同學媽媽。

因為「家裡一定要很像樣！」家長受到義務的束縛，所以我和家長第一次見面時，感覺媽媽的表情非常僵硬。

不過，E同學的媽媽試著放下以後，發現即使不做，生活上也幾乎沒什麼問題。

甚至孩子還變得自動自發，心情輕鬆多了，於是媽媽表情就逐漸變得開朗。

E同學的媽媽記住了放手的輕鬆感，所以發生改變，開始尋找「不做也沒關係的事情」。

例如，**媽媽下班疲累地回到家，想要喝水，變得一屁股坐在沙發上拜託：「啊～累死了～，妹妹幫我倒水～」。E同學雖然嘴巴上說「搞什麼啊？」但還是會去倒水。**媽媽再也不用一個人扛下所有事情，偶爾表現不想做的態度，E同學反而能夠開始理解「大人也是很辛苦的」。

像E同學的媽媽從前這種拼命努力尋找「為了孩子，這個也得做，那個也得做！」一肩扛下「應該要做的事情」，這種爸爸媽媽非常多。

然而，家長真正應該要做的事情，其實是去找自己「不做也沒關係」的事情。例如用餐時把飯菜端上桌，折疊洗好的衣服，把玄關的鞋子排整齊等，能夠讓孩子做的事情，就讓孩子去做吧！

請不要焦慮地命令孩子「做這個」、「做那個」，而是要讓孩子主動認識，自己願意幫忙做家事。

家長笑容，能夠維持家裡的好氣氛，孩子自然因此也會願意做好自己該做的事。

Point

孩子並不需要萬能的父母，

請孩子一起幫忙做家事吧！

05

修復親子關係，開啟孩子封閉的心

我知道，正在閱讀本書的爸爸媽媽，其中有些人自己或另一半或許正與孩子處於斷絕往來的狀態。

當孩子與家長處於這種極端情況下，我發現許多家長都是「不關心自己」或相反，「只關心自己」。

這時，我建議找另外的人與孩子溝通或居中協調，拉攏關係不良的親子。

我有一個學生國中二年級、F同學。她非常討厭她的爸爸，即使在家裡也會注意保持和爸爸五公尺以上的距離。讓我不禁想用「互斥的磁鐵」來諷刺她們徹底絕緣的親子關係。

因此，我建議F同學的媽媽，居中擔任爸爸與孩子間的溝通橋樑。

例如用餐時，媽媽向爸爸說一些F同學的事情。

「最近她好像在讀一些很難的書耶！」

爸爸回答：「真厲害耶！」

這樣一來，F同學雖然看似毫無反應，還是會因為感受到「在說我的事情嗎？」而豎起耳朵。

由於F同學過去一直感受不到爸爸的關心，覺得相當意外。

我去做家庭訪問的時候，也會變成F同學與爸爸間的溝通橋樑。

當F同學在的時候，我問爸爸：「最近F同學有什麼狀況嗎？」爸爸回答：「一直在看電視啊！」等等的答案。

F同學露出想要反駁「不要講那種事情啦！」的表情，雖然依然不和爸爸說話，但是她發現爸爸竟然有在觀察自己，因此好像有點高興的樣子。

反覆進行這樣的作法，F同學漸漸接受了爸爸，甚至還可以一起坐在沙發上看電視。

接下來就是要開啟親子對話，由於F同學的爸爸不太會講話，所以他使用桌上型電腦，讓F同學看一些有趣的卡通，彼此慢慢地開始溝通了。

於是，F同學變得會去爸爸的書房走動，倆人偶爾也會鬥鬥嘴。也就是說，會講真心話了，恢復了一般的親子關係。

F同學到了國三，與爸爸感情已經好到可以一起去參加志願學校的說明會。

像F同學與爸爸這樣，**原本破裂的親子關係，如果是要一對一、面對面解決，往往會互相牽制而難以修復。**

因此，需要透過其他家人或是第三者居中協調，讓他們聆聽對方的想法。

此時，如果要和家長聊孩子的事情，不需要特別去讚美孩子，直說現況無妨。

孩子聽到了，會發現「原來爸媽真的有在關心我啊！」

但是，如果是對孩子的缺點或是問題，宣揚「我看到了喔！」、「我在監視你喔！」孩子反而會因此失去對家長的信任，請特別注意。

如果由第三者居中進入協調較為困難，可以利用自言自語的方式。家長試著大聲的自言自語說：「（孩子的名字）國語真厲害呢！」或是「哎呀！沒想到（孩子的名字）竟然可以這麼努力啊……」。這樣一來就可以毫無保留地、坦率地將自己的心情傳遞給孩子。

孩子會覺得很開心「爸媽確實有在關心我呢！」而逐漸敞開心房。最後，親子關係會自然而然轉好，孩子也會自然而然產生讀書動力。

Point

修復破裂的親子關係，需要時間。

06

「就算我不在，你也可以做得很好」

我在大學時期曾經聽過一種說法，如果懷孕的孕婦很擔心地說：「我真的能好好養育孩子嗎？」這種負面情緒會透過胎盤傳遞給寶寶，使寶寶覺得「媽媽很擔心，所以我自己要努力」。

不只是寶寶，我發現，只要覺得家長稍微有一點不安或是擔心的情緒，孩子就會出現要勇往直前的想法，「我得做些什麼才行」、「要更努力」。

有一句話我很不喜歡，那就是「孩子越笨越可愛」。

越是離不開孩子的家長，越希望孩子是「什麼都不會的笨蛋」。

這樣的家長總是高高在上，對孩子說：「如果不是我幫你做」，或「老子如果不在，你就不行啊！」只是想要控制孩子。

在家長的主控想法之下，孩子往往會喪失生存的動力。

曾經生過火的人都知道，火會由下往上燃燒。看起來就像是在喊「加油！加油！」鼓舞人心。

想要孩子努力向上也一樣，最好站在下面替他們加油。

由上往下的視線，沒有人喜歡去承擔。

讓孩子展現真實的自己，即便失敗也要承受。家長應該採用「由下往上」態度，放手讓孩子成長。

接下來是國小四年級、G同學的家庭故事。

工作相當忙碌的媽媽，一直很擔心會對孩子產生不良的影響，因為她常常必須在晚餐時間，在家接聽電話。

媽媽覺得反正孩子也搞不清楚狀況，所以一旦有電話打來，不由分說，劈頭嚴肅地對孩子說：「我現在要講電話，給我安靜點！」然後逕自去接聽電話。

由於媽媽採取的是這種「高高在上」的態度，所以也就不會有所謂的親子對話產生。

此外，由於媽媽已經因為教養與工作忙得不可開交，但是即便拜託G同學「幫忙把洗好的衣服疊一下」等等，G同學仍不為所動，所以媽媽顯得非常焦慮。

我試著建議那位媽媽：「用餐時要講電話沒關係，但是講完電話也要和孩子解釋一下吧！」

所以，媽媽在講完電話會開始對G同學說：「我知道用餐還要接電話是不對的行為，但是因為工作上有重要的事情，所以只好接了。」工作疲勞而心煩氣躁時也會說：「今天工作超忙的，媽媽有點太兇了…對不起喔！」等等，讓G同學知道媽媽實際的狀況。

於是，G同學開始對媽媽講的話很有興趣，常常會問媽媽：「剛剛在跟誰講電話呢？」、「明天工作也很忙嗎？」等等問題。就這樣，親子之間的對話開始一點一滴地增加了。

因為媽媽講出了自己的實際狀況，G同學才發現媽媽真的很辛苦，於是變得會主動幫忙。

媽媽方面，也因為敞開心胸講出真實狀況，而不再覺得「接聽電話是不是不太好啊？」、「工作太忙對孩子會不會有不良影響啊？」減輕了多餘的罪惡感，變得比較能夠釋懷。

家長說出真心話，對孩子而言還有其他好處，孩子會因此產生「我多努力一點，應該就可以贏過爸爸了！」或是「或許我會比媽媽做得更好」等想法。

於是，孩子就會自己勇往直前，想要挑戰更多的事物。

這樣的孩子，乍看之下好像是把家長看扁了，但其實並不是那麼一回事。

家長不欺騙的態度，誠實得到才能孩子信賴。

而且孩子「努力想要超越家長」，這種態度也能成為努力讀書的動力。

Point

誠實面對孩子，
不要採取高高在上的態度。

07

偶爾認輸，幫助孩子建立判斷力

家長展現誠實的自己，能夠激發孩子產生「讀書動力」。讀書動力，可以增進判斷能力。

判斷能力可以幫助孩子找到正確答案，是考試作答順序、解題時，所不可或缺的能力。

家長讓孩子看到不假裝、偶爾也會失敗的樣子，孩子就能夠藉由動力，判斷自己應該如何做事。

我自己的媽媽是屬於「天然呆」類型。當她在電視上看到某個藝人，就會張冠李戴搞錯名字說成：「某甲真是很好笑耶！」（其實是某乙）。好不容易煮好的菜餚，竟然會忘記拿上餐桌等等，可以讓我數落的地方不勝枚舉。

我想就是因為從小我就一直受到媽媽這種刺激，才培養出可以瞬間判斷的能力，像是：「正確答案是什麼呢？」、「對方是真的聽懂嗎？」等等。

說到「判斷能力」，讓我想到一位日本關西的搞笑藝人，他的腦筋轉得非常快，想必也是因為小時候就習慣講一些不太正常、亂七八糟的話吧！

因此，爸爸或媽媽放個水，偶爾試著裝傻看看吧！不妨故意說錯一些事情，或是特意忘記一些事情。

在親子一起打GAME或下棋對戰時，也可以故意輸給孩子。等到孩子的能力足夠平等對戰、一分勝負之前，偶爾認輸更可以培養孩子的鬥志。

例如，像是在玩黑白棋時，某種程度要認真接招，但是可以故意在一些地方讓孩子取得較好的位置，獲得最終的勝利。

等到孩子終於可以判斷如何贏得勝利，那時候家長可真是贏不了。

或許各位會想：「這樣一來，孩子會太過驕傲，不太好吧？」其實沒有關係。

因為在學習過程中，孩子還是會在學校或是外面的世界遇到許多困難，受人取笑，或是挫其銳氣種種經驗。

爸爸媽媽有機會不妨讓孩子感到驕傲，幫助孩子具有主動力、判斷力。

Point

大人偶爾認輸，讓孩子感到驕傲，可以點燃孩子的鬥志。

08 告訴孩子自己過去的失敗經驗

如果孩子在馬路上亂跑，各位該如何預防呢？

和孩子說再多「很危險喔！」、「會造成交通混亂，不可以喔！」等等，孩子也只會覺得「有什麼危險啊？」、「跟我沒關係吧！」孩子根本不會反省。

所以，簡短斥責過孩子，應該試著講出自己真正的想法，像是「如果你被車撞到了，媽媽會很傷心哭喔！」等等。

這樣孩子才能理解這件事情的嚴重性，產生「我一定要小心，不能亂跑」的想法。

在處理預防孩子遲到等等的事情也是一樣，即使對孩子說：「遲到老師會生氣喔！」或是「動作快一點啦！」孩子總是充耳不聞。

與其如此，爸爸或媽媽應該要試著講出自己實際的經驗，例如：「今天啊，有一個很重要的會議，結果我稍微晚了一點出門，就遲到了二十分鐘左右，超緊張的！後來我拼命道歉希望大家原諒我，但是大家卻生氣呢！因為大家都很忙，已經準備好了要擠出時間聚在一起開會，生氣也是理所當然的吧！以後我要注意不能再遲到了！」

孩子會很有興趣的聽，並且打從心裡認為「遲到是很嚴重的事情呢！我也要小心不要遲到了」。

另一個建議是，**爸爸或媽媽可以找出自己的舊照片或是學生時代的作文等給孩子看。**

就算沒有直接拿給孩子看，爸媽可以假裝自己拿出來欣賞，**自言自語地說：「好懷念啊～」、「我也曾經寫過這種東西啊！」**等等，**孩子自然而然的就會想要看**。

孩子說「這是誰啊？媽媽？真的假的？好年輕喔！」此時或許會覺得有點不好意思，但是請鼓起勇氣試試看。

再者，我想家長也可以和孩子聊一些自己過去的經驗。

跟常常遲到的孩子說：「以前啊，我總是喜歡睡懶覺！每天早上都會被奶奶罵一

頓呢！」等等，講一些自己失敗的經驗。

聽到家長現身說法聊自己的失敗經驗，孩子會產生一種共鳴：「什麼啊？爸爸以前也那樣過啊！」而變得願意聽家長講話。

這時候可以講一些因為遲到而發生過很慘的事情，所以後來才會變得早起等。如果孩子聽懂了，自然而然就會想「我也要努力試著早起！」

就像這樣，與其給孩子抽象的建議或定規則，藉由聆聽爸媽的心情或是經驗談，孩子更能夠理解這個世界的規則。

如果有機會跟孩子一起遇到快要遲到的情形，不妨讓孩子看一下家長如何應付這種情形。

例如，帶孩子去理髮院的時候，如果覺得可能會稍微遲到，可先打電話到理髮院去致歉，告知對方大概何時會抵達。

不只是遲到這件事情，日常生活中如果有機會讓孩子看見家長處理這類狀況的方法，孩子在自己遇到狀況時，就可以不慌不忙地思考因應的方法。

當然，重點是不要有遲到的行為。

然而，如果真的遲到了，讓孩子知道該如何應對，這是生活上最重要的事情。

孩子自己變得懂事，少被斥責，不會讓家長焦慮，這樣一來孩子的情緒也會變得穩定。心態的穩定，正是孩子用功讀書的情緒基礎。

Point

孩子可以從家長的真實人生經驗，學習適應這個世界。

09

孩子讀書遇到瓶頸，如何找出真正的問題？

孩子成績遇到瓶頸，無法達到理想狀態，各位家長會如何反應呢？爸爸媽媽通常只會拘泥於孩子是否「沒有好好用功讀書」這個部分，處理方式往往是斥責或是說教。

有些孩子的確是因為怠惰，導致成績無法進步。不過，如同我們在前言中提過的，孩子成績無法進步的原因，幾乎都是因為孩子處於「無法專心讀書的心理狀態」。

像是在學校被霸凌、家長總是吵架、煩惱沒有可以傾吐的對象等。在這種不良心理狀態下，孩子當然無法集中精神讀書！

然而，家長往往會忽視於日常生活中那些棘手的問題，只想要解決所謂孩子的問題。因此，不但家長會很焦慮，孩子也覺得「大人都不了解我」而變得不信任家長，逐漸封閉心房。進而喪失讀書意志，造成家長更加焦慮……陷入惡性循環。

為了避免這樣的狀況發生，**成績無法進步時，更應該試著和孩子聊一些讀書以外的事情**。如果有成績問題，可能解決的方法反而不在孩子的課業上。

解決的方法，需要視孩子的狀況而定。

話雖如此，突然要求孩子「說出問題」等等，孩子可能態度會變得更拘謹，所以我建議不要這麼做。

平時忙碌不管事的爸爸媽媽，突然急急忙忙罵幾句，孩子根本就不會聽進去。**因此首先，請各位家長與孩子找一段彼此獨處的時間，試著聊一些輕鬆、不重要的話題。**

例如，可以坐著一起看電視，大人試著問孩子：「那個女藝人，叫什麼名字啊？」如果大人正在看的報紙，看到覺得孩子應該會有興趣的報導，可試著對孩子說：「你看看這個，很有趣喔！」

用這些話題起頭，自然而然地持續對話，孩子總有一天會突然說出真心話。

家長或許有機會發現「其實是因為班上有個傢伙總是故意做些討人厭的事情」、「我在煩惱爸爸跟媽媽的事情」等等。如果孩子真的講出來，請以「謝謝你告訴我」的態度接受吧！

這樣的行動是為了解決孩子內心的小煩惱（受到霸凌的解決方法，請參照接下來第10、11單元，夫妻問題的解決方法請參照第4章第3單元）。

透過這些行動，孩子會開始信任父母，變得想要一步步前進，進而得以從無法專心讀書的心理狀態脫困而出。

Point

建立良好親子關係，才能有機會幫助孩子真正解決的問題。

10 孩子被霸凌，家長請這樣做

受到霸凌的孩子，一定會發出一些訊號。

例如孩子言行舉止會變得不自然。雖然大人沒有問，孩子也會自己主動說：「書包髒了，是因為我自己掉在地上」，或是「今天跟我在一起的是某某，而不是他喔！」等超出必要的多餘說明。

如果爸爸媽媽發現異狀，**不要單刀直入問孩子：「你被霸凌了嗎？」而是要試著先製造和孩子共處的一段時間，了解問題根源！**

父母可以和孩子一起去看電影、一起做菜等，一起做些事情，讓孩子感到安心。

等到孩子心情平復，請家長要主動與孩子聊一些自己學生時代的經驗。

可以試著和孩子談一些「我國中時，超喜歡某一部電影，因為那時候我被班上同學排擠，心情超難過的。」等悲傷難過的事情。順著這個話題，孩子可以慢慢說出目前的狀況：「其實我也是……」。

父母知道了狀況以後，請對孩子說：「原來你這麼難過！爸爸媽媽都沒注意到。今天我們可以像這樣一起聊聊，真是太好了！」

如果孩子表示不想去學校，可先讓孩子請假沒關係。請假的時候，建議全家人可以把握機會，一起去孩子喜歡的主題樂園或是自然生態豐富的地方，做一些平常不太會做的事情，創造一些新鮮感，但是請放下智慧型手機再出門。因為在與孩子談話過程中，如果家長手上拿著智慧型手機或平板，一副分心的樣子，孩子就會覺得家長「根本沒有想要聽我講話」。

孩子被霸凌的狀況，當然也要向學校仔細詢問。這時候的重點是，絕對不要怪罪老師、指責學校。

指責是大人社會的處理方式，並不是真的為了孩子著想。父母該思考的是接下來該怎麼幫助，卻看錯目標，急著找到犯行的當事人、追究責任。

我們之後在第4章第6單元中還會再提到，對於老師，家長可以先這樣說：「我如果能早一點發現就好了，現在狀況有點嚴重，我想暫時請假休息一下，另外是否可以找時間跟老師聊一聊呢？」用一種正面的態度與老師接觸會比較恰當。

先與老師或是學校諮詢，再來思考解決方案。

在這段時間，在家裡家長要確實與孩子站在一起，讓孩子想想，開始思考自己希望怎麼處理。

孩子或許會這樣說：「我會努力的，明天回學校上課吧！」或是「我真的沒辦法回學校，想轉自學！」等等的話。既然確實和孩子一起花了時間，思考對策，那就這樣做吧！

許多家長往往會認為「當然一定要回學校上課才行」，但其實並不是如此。

在我的學生裡很多是休學、轉自學（函授學校）的孩子，有的從沒有上過高中，但是他們最後都分別考上了GMARCH（日本學習院、明治、青山學院、立教、中央、

法政大學的英文縮寫）或是一橋大學。

孩子整個人感覺起來和其他孩子一樣非常正常。

由於受到霸凌而無法上學的孩子，原本就會比一般人的感受性更為強烈。如果他們再遇到一般人搪塞「好啦好啦」，會覺得受到言語深深傷害，無法整理自己的情緒。

家長如果過度抗拒接受霸凌這件事情，孩子可能反而會責怪自己「是我自己不合群」、「都是我不好」。**霸凌其實很常見，是走到哪裡都會發生的事情**，請在這樣的理解下考量孩子的想法，幫助孩子度過難關。

孩子會因為家長對於霸凌事件的正面處理方法，重新振作起來，能夠考慮自身狀況，思考自己現在應該做些什麼。

請不要忘記，全家人一起想辦法，一起度過霸凌事件。

Point

如果孩子有不自然的言行舉止，請主動找時間和孩子聊一聊。

11 霸凌別人的孩子，其實是因為生活沒有其他興趣

前一單元是從受到霸凌孩子的觀點來討論，我們也必須從相反的立場，也就是孩子本身是霸凌他人的角色來討論。

其實，不少會霸凌他人的孩子，自己也曾經受到霸凌。爸爸媽媽是否注意過？霸凌別人的孩子，很容易因為一點小事情就被其他孩子怪罪，隔天被全班同學當作隱形人。

事實上，**會霸凌別人的孩子，自己心裡很清楚「我與被霸凌的孩子只有一線之隔」。**

也就是說，他們其實對於霸凌這件事情的感受性很強烈。

或許正因為如此，這種孩子的防衛心會特別強烈。從言行舉止可以觀察出來，霸

凌別人的孩子與被霸凌的孩子，都會莫名想要自白一些看似不機里要的小事。

與我們在前一單元中所談論的情形一樣，如果爸爸媽媽發現了這些訊號，請找時間孩子共同度過，聊聊自己小時候的經驗談。

「其實啊，我大概在小學四年級時，經常把同學當作笨蛋。那時候，我什麼事情都做不好，都認為都是別人害的，甚至說一堆謊話，過得一點都不快樂，現在想起來都還是覺得很糟糕呢！」

這時候，孩子或許就會自白：「其實我也是……」。

家長可以試著建議孩子：「還好你講出來呢！既然這樣，我們一起去跟同學道歉吧！」

這個年代，很多時候即使想要找同學道歉也不知道地址，所以可以藉由學校老師聯絡（與學校的諮詢方法可參考前一單元）。

鼓起勇氣向被霸凌的孩子誠心道歉，能夠獲得原諒，孩子會覺得心情很輕鬆。即使日後還是可能出現傷害他人的行為，至少孩子能夠誠心道歉。

事情告一段落，**請父母與孩子一起尋找比霸凌別人更有興趣的事情**。

孩子可能是因為覺得霸凌別人很有趣，而開始霸凌他人。但是如果對足球、棒球、閱讀、劍道、漫畫……等產興趣，孩子會覺得這些更有趣，而難以再把注意力放在霸凌別人上面。

讓孩子去玩喜歡的電動遊戲，或是引導孩子去參加各種活動，讓孩子有更多選擇，從中發現一些更有趣的事情。

為了不要讓孩子在「霸凌別人」上面發現樂趣，請務必支持孩子的興趣。

Point

「為什麼想要霸凌別人呢？」親子面對面。

12

除了二分法的選擇，孩子心裡真正的想法更重要

很多家長都很煩惱，究竟該不該買遊戲機給孩子。

我也經常被家長問到「是不是不要買比較好？」、「買給他也沒關係吧？」這兩種選項，其實我無法說清楚哪個才是正確答案。

各位家長，你們不想給孩子遊戲機的理由是什麼呢？

視力會變差？過於沉迷會變得不想讀書？我想爸爸媽媽總是會在無意間往負面方向去思考。

然而，會產生不良影響的原因，其實是因為父母「給了遊戲機就放任不管」，任由孩子隨便打ＧＡＭＥ。

所以，如果爸爸媽媽是基於「買了就不會被孩子糾纏」的理由而買，我建議還是不要給孩子買遊戲機。

不過，如果是想利用遊戲機來增進溝通或學習，我就認為可以買（善用遊戲方式請參照第1章第3單元）。

使用方式不同，遊戲機可以成為好東西，也可以變成壞東西。

如果為了究竟該不該給孩子買遊戲機而感到左右為難，可試著先探聽一下孩子的想法！試著問孩子，想要一台遊戲機的理由。

如果是「想要加入朋友一起玩」，家長再追問下去，可能會發現結論是「有玩遊戲的同學通通加入了足球隊，我也想要融入大家」。

如果是這種情況，與其買給孩子遊戲機，不如鼓勵孩子加入足球隊，更能夠滿足孩子。

小學三年級的H同學，向爸爸表示想要一台新的遊戲機，想要透過網路連接電視，可以和很多人一起玩。

由於H同學的爸爸已經買過一台單人遊戲機，所以覺得再多買一台並不恰當，但是尚未下結論，所以跑來找我諮詢。

因此，我試著問H同學：「為什麼你會想要那台遊戲機呢？」沒想到他卻回答：「因為我想要跟爸爸一起玩。」

爸爸總是因為公事忙碌而晚歸，不太有機會一起出門玩。但是，如果有一台遊戲機的話，在家也可以一起玩了……這就是H同學想要遊戲機的理由。

這番話傳到H同學爸爸的耳裡，爸爸非常開心（這是當然的囉！），所以就買了新的遊戲機，親子就可以一起玩了。

就像這樣，父母不要拘泥於「買，或是不買遊戲機」這種二分法選擇，重要的是要去聆聽孩子的想法，了解之後該如何行動，則以「對家庭團隊而言最好的選擇」。

許多爸爸媽媽會擔心，孩子正在準備升學考試，是否還要繼續參加社團活動或才藝課，但是這種情形也不是「停止，或是不要停止」這種二分法選擇，而是要問問孩子的意願。

聊天的時候可以先從電視等不相關的話題切入，例如「如果你想要當幼稚園老師，除了筆試，還要考術科會彈鋼琴呢！」等等，聊一些與孩子生涯規劃相關的話題。

為了讓孩子走上自己期望的生涯規劃道路，有些社團活動或才藝學習經歷會有所助益，另外有些情況則是將時間份用於準備升學考試。

和孩子一起討論這些狀況，最後可以試著問孩子：「所以，還是繼續學鋼琴吧。」、「停掉芭蕾社團吧。」孩子自己會得到結論的。

Point

「買給孩子、不買給孩子」這種二分法選擇，並不能解決孩子真正的問題。

13 不需要跟別人比較

我認識許多擁有高學歷，從小就非常會讀書的爸爸媽媽。但是不要因此期望孩子和自己一樣，孩子應該跟自己比。有些家長因為孩子沒有像自己一樣那麼會讀書，每天上補習班，成績還是沒有起色，往往焦慮不已。

這些高學歷家長對孩子的要求，從家長的角度來看是理所當然的。所以，如果孩子不會讀書，家長就認為是孩子自己不夠努力的關係。

然而，即便家長碎唸：「媽媽我當年的成績明明那麼好……」等等，孩子也不會因此產生動力。反而會覺得「我比不上父母，真是個差勁的人」而逐漸封閉心房。

此外，有些家長還會要求孩子達到社會上所謂的「一般標準」。

先把讀書的話題擺一邊，有件事情講起來很丟臉，那就是我到小學三年級都還戒不掉尿布，晚上睡覺還會尿床。

每當我在演講時講到這件事情，就會有孩子同樣戒不掉尿布的媽媽來找我訴苦：「雖然沒有跟任何人說過，其實我家的孩子也一樣……。孩子和身邊的人不一樣，我非常擔心。」

聽到我說「我也曾經發生過這樣的事情喔！」這些家長才能放心回家，後來我還收到了這樣的電子郵件：「感謝老師，我終於從『應該要孩子早點戒掉尿布』的壓力中解脫了，與孩子相處變得輕鬆多了」。

社會上其實根本沒有所謂的「一般標準」，也沒有「理所當然就要會做」的事情。用所謂的標準去比較孩子的狀況，是沒有意義的。

如果想要實際感受到孩子的成長，請與孩子一年前的狀況做比較。

可以看看孩子的照片、畫過的圖等，「一年前還只會畫火柴人呢，現在已經畫得很好了」、「當時連沖水都很怕，現在都已經會游泳了呢！」一起為孩子的成長感到喜悅。

這樣一來，父母不但可以看見孩子一點一滴的成長，孩子自己也會變得更有自信。

今天比昨天更重要，展望明天，就算進步只有一點點，請關心成長中的孩子吧！

Point

讓孩子看見自己的進步，孩子會更有自信。

14 親子一起製作實體家庭相簿

各位家長如何保存孩子的照片呢？

或許很多家庭都會存放在電腦或是智慧型手機裡，但是，希望各位可以把照片洗出來，貼在相簿裡。

雖然以數位檔案的方式可以瀏覽照片，但是製作成相簿容易翻閱，可以讓親子溝通、交流變得更為熱絡。

此外，製作相簿時，爸爸媽媽的溫暖心意一定也能夠藉此傳遞給孩子。

我的老家有許多貼有家人相片的相簿。

翻開相簿，我發現「小時候我竟然會喜歡這種玩具啊？」、「嬰兒時期，竟然有那麼多人疼我呢！」感受到家人對自己的關愛。

回味童年，真令人開心！

而且，未來如果有機會製作相簿，請務必和孩子一起製作。

如果一次整理，照片量過大比較麻煩，可以設定一次整理三十張照片，慢慢貼到相簿裡。

要求完美的人，會有「時間順序一定要正確」這樣會很有壓力。事實上，隨意擺放也沒有關係。或是訂定主題編輯也不錯。

例如，主題可以是「暑假」或是「放學後」等，什麼都可以，依照主題分門別類貼上照片，或相反，貼完再和孩子一起討論主題是什麼。

或根據照片的氣氛寫下一些句子，例如：「好像在游泳一樣」、「曬黑了」等浮現在腦袋中的句子，最後再訂主題。

這樣的手工，只是單純好玩，當然除了可以促進親子交流，也可以訓練孩子的判斷力與語言能力。

家長看著孩子年幼的照片，心情會不知不覺變得很平靜。

這樣一來，不會再拘泥於孩子做過的微不足道的小事了。

如果覺得沖洗照片很麻煩，建議也可以利用拍立得拍照，整理顯影相片，製作相簿。

Point

數位時代，更要珍惜傳統相紙的接觸。

第 4 章

家人同心，其利斷金

本章繼續討論親子關係，並進一步介紹使夫妻關係和睦的好辦法。此外，還介紹如何建立學校老師或親友等大人之間的人際關係。

爸爸對孩子關心不足，全家人難以成為一個團隊。
啊哈哈…
因此，如果爸爸如果稍微有一點表現，就要稱讚他，可以藉此縮短彼此的距離。
我回來了
今天好早呢！一起吃晚飯吧！
哇！爸爸要幫忙洗碗？真是幫了大忙呢~
好！那我就洗吧！
孩子說想和爸爸一起泡澡呢！
喔！
孩子，一起泡澡吧！
好！
爸爸參與家庭活動，一起教養孩子，與孩子的交流更活絡，全家就會形成一個團隊。
在學校，怎麼樣啊？
我們班上啊~

夫妻常吵架，孩子也會受到心理傷害，而變得不想讀書。
為什麼說這種話？
這不是我真正的意思！
是喔！原來是這樣的呀！
有時候只要互相傾聽，即可解決問題。
即使夫妻對孩子的的教育方針不同
想讓孩子考上好學校
希望孩子用功讀書
不妨確認共同的目的，讀書的事就交給孩子吧！
讓孩子了解大人之間的互動
觀察遣詞用字、表情。
可以點餐了嗎！
請稍等
家長敞開心胸，才能夠培育真誠的孩子
我要和媽媽一樣！
謝謝！
你好！

01 形成家庭團隊，從互相讚美開始

如果全家人對於孩子的教養沒有共同的價值觀，那麼就無法形成一個團隊。也就是說，今天媽媽讀了我這本書，想要毀力實踐，但爸爸卻對孩子漠不關心，這樣全家人就難以形成一個團隊。

為了要讓全家人形成一個團隊，除了教養孩子的方法，夫妻之間也必須同心協力，達成共識。

話雖如此，如果突然對不常在家照顧孩子的爸爸或媽媽說：「你要多關心孩子」，恐怕太強人所難。

不妨先從小地方著手吧！

例如爸爸稍微有一點表現，就要加以稱讚。例如爸爸偶爾提早回家，媽媽可以說：「哇！剛好今天大家想提早吃飯呢！謝謝爸爸！」

多多稱讚，爸爸就會真的想要提早回家（家裡一般常見的狀況則剛好相反，會對爸爸說：「咦！怎麼這麼早回家呢？我都還沒煮飯呢……你怎麼不早點說！」等等。這樣爸爸會變得更晚歸，請注意！）

還有，吃完飯，如果爸爸碰碰盤子，媽媽也可以說：「你要幫我收嗎？謝謝喔！真是幫了大忙呢」。爸爸真的會幫忙收拾。

男生受到誇獎，特別容易感到開心，因為男生往往會因為一點小事而快樂，喜歡受到稱讚。

此外，由於爸爸得到家人的感謝，很高興自己有用武之地，會真的開始幫忙。

平常不會做家事的爸爸，擺放餐具的位置，或是盤子的疊放方法，或許會跟媽媽做的不太一樣，但是媽媽請不要執著於這種小事。多多稱讚鼓勵，爸爸會變得更重視家庭，願意參與家庭活動。

此外，如果媽媽發現爸爸有跟孩子聊天，可以試著跟爸爸說：「有你陪孩子玩，真好」。這樣一來，爸爸會慢慢地想要和孩子玩在一起。

媽媽還可以對孩子說：「今天跟爸爸一起玩，很開心吧！」等等，間接地稱讚爸爸，也很有效果。

得到間接式的稱讚，我們更能夠接受，心情自然也很愉快。

一點一滴，讓爸爸能夠多參與家庭活動，一起教養孩子，爸爸與孩子之間的交流就會變得活絡，全家人漸漸可以形成一個團隊。

當然，反過來，爸爸也可以稱讚媽媽，讓媽媽願意參與教養孩子。

女生比較在意的部分，得到稱讚時，會非常開心。

例如對於媽媽做的菜，爸爸不要只說「好吃」，還可以多稱讚一些小細節，像是「我好喜歡這道菜的調味」、「裝盤好漂亮喔！」等等也很恰當。

一開始或許媽媽並不以為意，還嘲笑爸爸的讚美不高明，但是持續讚美，媽媽總有一天會接受。

夫妻相處，或許不太習慣讚美對方，而覺得有點難以執行，但是剛開始照本宣科也沒關係，試試看比較重要。

男生可以接受照本宣科式的讚美方式。女生不習慣接受讚美，但得到稱讚一定會很開心。

這樣一來，家人之間的交流會變得越來熱絡。

Point

夫妻關係不好，孩子會失去安全感。

02 價值認同的讚美，才能深植人心

許多企業經營者、管理者，往往因為工作忙碌而難以撥時間與孩子相處，有許多家長個性以自我為中心、無法接受他人批評。

面對這種類型的家長，如果家人想要利用前一單元所介紹的方法來教養孩子，或許會有點困難。

不過還是可以試著稍微調整做法，互相配合，共同教養孩子。

以自我為中心的家長，其實內心應該會感到很孤獨。

平常在工作上總是以上對下的態度，對員工發號司令，導致與員工距離遙遠。

所以身邊有家人的關心，這種家長會漸漸有安全感，變得更重視家庭。

對於以自我為中心的家長，不能夠只是口頭讚美，而是要價值認同的讚美，例如

可以說：「因為有你，讓我們很幸福」。

像是爸爸對家人有任何建議時，可以對爸爸說：「謝謝」，但如果說：「原來如此，真不愧是爸爸耶！」爸爸對這種話更是無法招架。

這是一個小學五年級、I同學的故事。擔任企業經營者的爸爸，就是以自我為中心的類型，但是這位爸爸相當煩惱與I同學之間的關係不太好。

爸爸希望能夠更進一步了解I同學的心聲。但是，I同學面對爸爸，卻總是會覺得有壓迫感而退縮，因此想說的事情總是說不出口。此外，由於I同學對於與爸爸之間的關係感到很有壓力，在讀書方面也無法進入狀況。

所以，我建議改由父代母職，與I同學相關的事情，全部都交給爸爸處理。

例如，**媽媽可以拜託爸爸「要準備一份禮物給孩子的朋友，不知道該買什麼比較好，你的品味好，幫忙一起選吧？」**

而I同學自己也可以主動要求爸爸幫忙：**「我想要去買一本關於宇宙的書，請爸爸幫我挑一本。」**

因為家人認同爸爸的價值，而提出要求。

這樣一來，爸爸會很高興地幫忙。

親子共處的時間變多了，爸爸逐漸知道該與I同學聊些什麼、掌握到一些相處的重點，I同學則變得與爸爸相處融洽，家庭氣氛也變得比較輕鬆。就這樣，這個家庭終於成為一個團隊。

I同學從此之後得每天都很主動，原本成績單上的評等僅有2或3（不及格），現在全部都達到4＊（及格）了。

爸爸也常稱讚I同學：「你好努力呢！」親子關係變得越來越好，I同學的成績也不斷進步，產生正面循環。

「讚美」這件事，對於家庭團隊具有深遠的影響。請務必與家人一起努力。

Point

建立人際關係的基礎是「讚美」。

＊譯註：日本小學成績單評等方法如下：1難以達成目標，2幾乎無法達成目標，3大致達成目標，4達成目標，5高度達成目標。

03

家庭成員溝通不良
會影響孩子的讀書意願

為了要讓全家人形成團隊，除了建立良好親子關係，夫妻關係也很重要。**如果家裡的大人總是吵個不停，孩子的心理方面會受到影響，無法好好用功讀書。**夫妻吵架往往都是一些雞毛蒜皮的小事，其實有時候只要認真聽一下對方說法，就可以解決。

接著是一個國中一年級、J同學的家庭故事。J同學的爸爸是醫生，非常忙碌，所以J同學從小就是由媽媽獨力帶大。聽說J同學上幼稚園時，還哭著說：「為什麼我的爸爸老是不在家呢？」

媽媽永遠忘不了當時J同學那張孤單的臉，因此媽媽多年來一直很氣爸爸，「我絕對不能原諒我先生，竟然讓孩子產生那樣的感受」。

所以，平常媽媽對於爸爸所說的任何一句話都感到非常不耐煩。不管爸爸說什麼，媽媽都會回嘴：「那樣不對啦！」、「不是那樣的吧？」然後夫妻就會為這種小事開始吵架。

因此J同學一直背負著非常大的壓力，呈現無法專心讀書的狀態。

某天，剛好是我在做家庭訪問的時候。J同學的爸爸跟媽媽又在吵架。所以我試著幫爸爸與媽媽整理彼此的對話。

那一天吵架的原因是，媽媽拜託爸爸：「洗完澡要把窗戶打開」，但是爸爸卻沒有把窗戶打開。

媽媽說：「你沒開窗戶」，爸爸卻回：「我開了」，由於彼此說法不一致，導致對話陷入膠著而無法繼續下去。

所以我試著問爸爸：「你開了多大呢？」爸爸回答：「一點點，大概這樣」，才知道他只把窗戶開了一道非常小的縫。

聽到這番對話，媽媽反問：「為什麼呢？正常不是應該全開嗎？」仔細詢問，發現媽媽原本是希望窗戶全部打開，浴室溼氣才能夠排出去。我們才知道爸爸的確有照媽媽的話做了，但是因為不知道為什麼要打開窗戶，爸爸認為窗戶全開對於防盜不太恰當，所以只開一條細縫。

像這樣分別傾聽雙方說詞，等到兩人的情緒變得比較穩定，爸爸會覺得「如果我當初有好好先問理由就好了」，媽媽也認為「如果我有把理由講出來就好了」，最後互相道歉、言歸於好。

雖然爸爸媽媽不太可能從此之後完全不吵架，但是J同學看到家長互相對話、妥協讓步的樣子，情緒也跟著變得平靜。

爸爸與媽媽開始學習如何說出內心的話，J同學也增加了與家長溝通的機會，於是全家人形成了一個團隊。

J同學變得心無旁騖，成績也有所起色。

當家人意見不同發生爭執的時候，不要急著先指責對方，請試著聆聽對方解釋。

這樣一來，由於能夠知道彼此行動與態度背後所隱藏的理由，就不會演變成激烈的口舌之爭。解決問題的方法是溝通，不是爭執。

Point

溝通方法對了，家庭團隊感情自然好。

04

教育理念爭奪戰，不需要在家裡上演

有些家庭，即便爸爸媽媽同樣都「希望孩子成績進步」、「想要孩子考上好學校」，但彼此的教育方針還是會有微妙的差異。

以下是想要考上明星中學的小學六年級、K同學的家庭故事。雙親都是高學歷份子，但分別擁護不同的讀書方法。

爸爸媽媽向K同學建議「這樣比較好」、「用我的方法比較能夠記住」不同的讀書方法。由於兩者所說的方法不同，弄得K同學相當混亂。

如果K同學成績掉下來，父母會更加推崇自己所支持的主張：「都是因為你沒有照我的方法做」、「只要聽我的就可以了，你要用我這種方法」。

K同學變得越來越混亂，因此逐漸喪失了讀書的意志。

因此，家庭訪問的時候，我選在家長都在場的時候對K同學說：**「我想爸爸跟媽媽都很希望孩子能夠用功讀書，所以才會拼命想要給你建議喔！不過，於兩個人的做法不同，你不知道該選哪一種比較好吧！」**用這種方式代述K的想法。

於是，爸爸媽媽才發現**「的確，我們兩個人都希望孩子能夠考上好學校，希望他用功讀書，但是我們建議的方向卻不一致」**。

重新發現共通的目的，讓這個家庭再度形成一個團隊。

後來，兩位家長基本上同意，讓孩子自行決定讀書方法。

爸爸後來看見孩子用了不是自己的讀書方法，會稱讚孩子：「這是媽媽教的嗎？真不愧是媽媽耶！」媽媽也會在孩子做錯題目時加以勉勵：「做錯了嗎~跟媽媽去公園走走，轉換一下心情吧！」

就這樣，當家長意識到，不要拘泥於讀書方法，其實全家人共通的目的都是孩子的升學考試，因此K同學能夠專心讀書，最終於考上理想的學校。

Point

家庭團隊達成共識，讀書的事就交給孩子吧！

05

家長誠實面對自己，能夠鼓勵孩子也面對自己

為了在家裡建立親子之間的信賴關係，爸爸媽媽與親朋好友之間締結良好關係，也是很重要的事。

如果家長的人際關係產生危機，會對孩子造成一些影響。

這是國中二年級、L同學的家庭故事。L同學的爸爸是公務員，全家人一起住在官員宿舍。官員宿舍每個月會有一次媽媽聚會，L同學的媽媽雖然也有參加，卻總是覺得那種場合充滿著驕傲自滿或蜚短流長的較勁氣氛。

媽媽覺得在那邊交不到朋友，所以沒有參加的意義。然而，「擔心會影響先生的工作和人際關係」，所以媽媽還是壓抑自己，參加了好幾年。不過最後還是因為覺得受不

了，而來找我諮詢。

我建議媽媽：「無論如何，都不必參加媽媽聚會」。

然後，我也告訴爸爸我的想法。「尊夫人好像對媽媽聚會感到相當有壓力，不過，如果不去的話，又擔心可能爸爸會不高興」。爸爸聽懂了我的話，於是表示：「我知道了，我會想辦法」。

考量到爸爸的工作職務，這是相當需要勇氣的決定，但是這樣一來夫妻達成共識，就能夠成為一個團隊，一起解決媽媽聚會的問題。

媽媽就這樣一次、兩次……漸漸地不去參加媽媽聚會。後來發生了有趣的變化，其他媽媽也開始陸續不去參加媽媽聚會了。

其中有一個媽媽坦白地對L同學的媽媽說：「因為你不去，我就問我先生，他說我不去沒關係，所以我就不去了」。

當一個人有勇氣採取行動，會影響其他人的行動。

L同學也產生了一些變化。

原本L同學是個滿口謊言的孩子。

例如，他沒寫作業，卻說：「做好了」。忘記帶講義回家，卻說：「被朋友偷走了」……。

但是，大概是因為看到爸爸媽媽因為聚會這件事情，達成了一致的行動。其他住在同一個官員宿舍，一起上學的同學對L說：「我媽說你媽那件事情超猛的喔！」等等，L的言行舉止開始有了變化。

雖然一開始還是一樣會說謊，但是說謊之後變得會道歉：「剛剛是我亂講的，不好意思。」然而，媽媽不會責備他，只是接受：「謝謝你告訴我喔！」不知不覺，L同學終於變得不再說謊了。

L同學在校園裡的態度也發生改變。原本他對於上課毫無興趣，現在卻變得積極進取，上課還會主動發言，成績單上的積極度、進取心等項目的表現，都變得不錯（附帶一提，現在日本學校的成績單，關於學習的項目，只有考試考得好並無法獲得優異的成績。還會針對學生在課堂上所展現的好奇心與態度，積極發表與否等，進行綜合性的評估。L同學第一次得到了最高分的評等5）。

就像L同學的家庭狀況一樣，爸爸媽媽的人際關係狀況，會深深地影響孩子。

如果家長無法表達真心，欺騙自己的心，不喜歡與人接觸往來，會影響孩子也會覺得「如果不把內心隱藏起來，就無法生存」、「無法信任別人」。

此外，如果家長無法與人來往溝通，孩子很容易會成為霸凌他人的孩子，或是被霸凌的孩子。

這樣的孩子，無法接受事物的多樣性風貌，因此遇到其他行為不一樣的孩子，就會想要攻擊對方，這是因為他想要拼命保衛自己，不想讓自己改變。

相反的，如果家長能夠在某種程度上表達真心話，家庭和樂融融，孩子或許還是會與他人發生不愉快，但是因為能夠講出真心話，所以基本上能夠和睦相處。此外，教育年幼的孩子，要注意提醒孩子，不小心碰撞到朋友，必須誠懇道歉、才能繼續維持友誼。

Point

家庭對外人際關係和樂，可鼓勵孩子，變得積極上進。

06

讓學校和老師，成為家庭團隊的堅強後盾

說到人際關係，家長與學校老師之間的關係也非常重要。

如果一個班級的家長主動培養與級任導師之間的關係，大致來說，班上孩子的學業表現會比較好。因為老師有家長支持，能夠有餘裕思考如何讓孩子真正快樂學習，尋找孩子的教學適合方法。

因此，**家長不需要去批判老師，「我家孩子的班導很好」或「我們的班導不適任」等等，如果家長覺得老師不適任，應該去探討我們希望老師應該怎麼做。**

被批判為「不適任」的老師，或許他們原本也是滿腔熱血，努力的老師。

學校老師還有其他大量的行政工作必須處理，除了每天教學，應付家長等監護人

的問題，教學進修，與其他老師互動，還必須提出報告⋯⋯。

老師在忙碌的日子裡，如果知道自己其實不受到家長信任，老師會覺得怎麼樣呢？「算了，就照上面指示，把孩子管好就好」，老師變得不願意再做多餘的付出，僅完成義務上的教學工作。

有些家長突然向校長投訴的行為，也是澆熄老師熱情的一個原因。

聽到孩子說：「我被班上同學霸凌」，家長卻不先問班導師，而是越級直接向學校投訴「我家的孩子被霸凌了！」結果會如何呢？

老師與學校對於這樣的投訴往往很敏感。

「不想要再受到家長投訴」，校方或許就會選擇照規矩來走，對學生進行形式管理。

為了預防事情有最壞的演變，家長們應該抱著合作心態，與老師好好溝通。

不該以監護人與老師的立場對峙，**而是監護人與老師也能夠成為一個團隊，這樣孩子在學校的生活就能夠朝著更好的方向前進**。

假設孩子說：「我在學校被霸凌了」，我們該做的並不是去向校長投訴或抓犯人，請先和老師討論「我有事想跟您稍微討論一下」。

這樣做，老師會覺得「自己受到家長信任」，因此會願意敞開心胸聆聽。

其實與老師接觸的機會很多，像是親師座談會或是家長義工活動等，家長不要覺得「和學校有所牽連會很麻煩」而閃避、不願意接觸，有溝通才有通。

Point

老師「適任或不適任」並不是重點，而是要與老師和學校建立良好的關係。

07

從孩子打招呼的方式，可看出成績能否進步

我所經營的補習家教班，需要通過考試才能就學，但考試很簡單，就是看學生「懂不懂怎樣打招呼」。我們不需要那種假裝大聲、很有精神的打招呼，即使沒有聽到聲音的打招呼方式也可以，沒有四目相接也沒有關係。

能夠在打招呼時，讓對方感受到自己想要傳遞的心意，這樣的孩子，只要改變教育方式，就能夠讓孩子敞開心胸，成績進步。接受教學時，能夠敞開心胸是非常重要的事情。如果沒有辦法敞開心胸，彼此就無法建立信賴關係。

打招呼這件事情，爸爸媽媽平常有確實在做，孩子就會有學樣。**因此，家長除了對老師或附近鄰居打招呼，平時也應主動向餐廳服務員，碰面的人打招呼。**

如果孩子看到家長對認識的人和顏悅色，但是卻對餐廳服務員的態度很差，孩子就會覺得「大人很假」，然後把這一套學起來。

或許孩子會認為「爸爸在家看起來很弱，但是出去卻好像很威風，很愛裝模作樣！」甚至可能因此輕視家長。

這個單元開頭我們就提到，打招呼的重點在於，能否將心意傳遞給對方。只是單純說話並無法傳遞感情。

有不少人打招呼時僅止於口頭上的社交辭令。

如果在忙碌的時候，或是心無餘力的時候，我想那是無可厚非的事，每個人都可能有心情不好的時候。

但可以試著在事後告訴自己：「啊，剛剛我只是在表面應付！」當時所感受到的不舒服感，並不會隨風而逝，因此久而久之，反而會自然而然地願意誠心打招呼了。

Point

唯有家長願意敞開心胸，孩子才願意誠心受教。

08

家長面對煩惱的態度，會影響對孩子的教養

如果爸爸媽媽心裡有煩惱，卻悶在心裡，往往會造成與孩子相處產生問題的原因。家長有心想要解決這個問題，卻無法明確知道應該說些什麼才對，應該和誰說才好等，解決方法令人煩惱，但只要仔細思考實行即可。

但是，如果是一些想破頭也想不出解決之道的煩惱，恐怕再怎麼苦思也不得其解。有一位國小三年級、M同學的媽媽，她的煩惱是「很害怕與朋友之間對話的沉默」。旁人看來並不是什麼大問題，因此身邊沒有人批評什麼，但是當事人卻憋得很難過，覺得「如果沒辦法炒熱談話氣氛，就很不舒服」。所以M同學的媽媽總是在無法順利閒聊後自我反省，因為她沒有解決辦法，只好茫然地上網搜尋……就這樣度過煩惱

的每一天。

即便如此，還是沒有找到好辦法。

因此，我試著勸M同學媽媽：「請您一整天都要努力思考這件事情」。「煩惱」這件事情，並不會只在做家事的空檔出現，或是到孩子放學回家就停止，而是會斷斷續續出現，一直留在心中某個角落、不會消失。

然而，如果花了很多時間認真思考，腦部就會判斷「再思考下去也是白費力氣的」，煩惱反而會自然而然地消失。

M同學媽媽真的就這樣實行。**孩子放學回家以後，想要和媽媽說話，媽媽卻說：「媽媽今天是思考日，請你等到明天再講」，真的很認真思考。**

就這樣思考到傍晚左右，媽媽感到非常地累，反而覺得「算了吧！」媽媽終於放棄，覺得如果別人誤會她直來直往也沒什麼了不起。

原本M同學媽媽自己很在意的煩惱，現在變得即使打開天窗說亮話也完全不會覺得困擾。媽媽終於釋懷「我沒辦法和別人好好聊天也沒關係啦！」之後，反而變得更能夠享受與朋友閒聊的樂趣。

媽媽後來甚至覺得……自己竟然為了這種芝麻小事，犧牲了與孩子的相處時間。**因為自己心不在焉、心存煩惱與孩子相處，孩子也不會開心。**

所以媽媽覺得自己**應該暫時拋開煩惱，用笑臉迎接孩子。**

或許有些人在煩惱的時候，會想要利用其他的事情轉換一下心情，但是逃避並不能消除煩惱。

例如，男性朋友最容易出現的情形是，想要忘記甩掉自己的女友，所以拼命去運動、參加聯誼活動等，想尋找新的緣分。然而，很多人恐怕都有因為某些契機想起前女友，結果變得意志消沉……這種經驗吧！

相對而言，女性朋友則是會找一些失戀過的朋友，徹地底大聊特聊一些與前男友的回憶，大家一起相擁而泣，最後改變態度表示「我要斷得乾淨漂亮！」（笑）

好像有點講太遠了，想要消除煩惱，建議各位，最好的辦法不是逃避，而是正視煩惱，思考解決之道。

Point

家長有煩惱，不要逃避，請正視煩惱。

國家圖書館出版品預行編目(CIP)資料

讀書的事，就交給孩子吧！：考上第一志願，做孩子最堅強的後盾 / 時田啓光著；張萍譯. -- 初版. -- 新北市：世茂, 2016.08
面； 公分 --（學習館；4）
ISBN 978-986-93178-4-9（平裝）

1. 親職教育 2. 讀書法

528.2 105010458

學習館 4

讀書的事，就交給孩子吧！

考上第一志願，做孩子最堅強的後盾

作　　者 / 時田啓光
譯　　者 / 張萍
主　　編 / 簡玉芬
責任編輯 / 陳文君
出 版 者 / 世茂出版有限公司
地　　址 / (231)新北市新店區民生路19號5樓
電　　話 / (02)2218-3277
傳　　真 / (02)2218-3239（訂書專線）、(02)2218-7539
劃撥帳號 / 19911841
戶　　名 / 世茂出版有限公司
單次郵購總金額未滿500元（含），請加50元掛號費
世茂出版集團 / www.coolbooks.com.tw
排版製版 / 辰皓國際出版製作有限公司
印　　刷 / 祥新印刷股份有限公司
初版一刷 / 2016年8月

ＩＳＢＮ / 978-986-93178-4-9
定　　價 / 280元

KODOMO WO SHIBOUKO NI GOUKAKUSASERU OYA NO SHUKAN
Copyright © 2015 by Hiromitsu TOKITA
Illustrations by Jelly Beans
First published in Japan in 2015 by PHP Institute, Inc.
Traditional Chinese translation rights arranged with PHP Institute, Inc.
through Bardon-Chinese Media Agency

Printed in Taiwan

世茂出版有限公司
世潮出版有限公司
智富出版有限公司

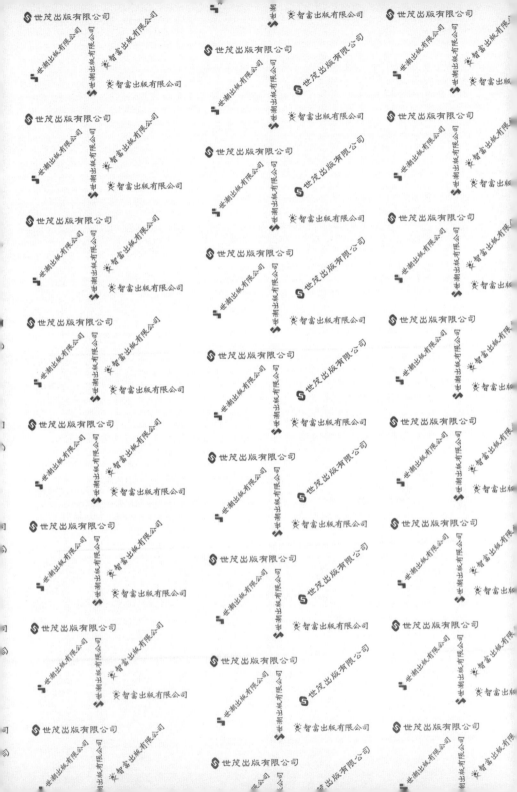